LES JOYAUX DE LA TERRE

Photos
Frans Lanting, Galen Rowell, David Doubilet

Texte
Noël Grove

EDITIONS ARTIS-HISTORIA

This translation is published by arrangement with Crown Publishers, a division of Random House, Inc., New York

D/2000/0832/39
2-87391-297-9

Traduction et adaptation: Bernard De Wetter

Pages 2-3: Papouasie Nouvelle Guinée: Global 200 écorégion 210. Dans les eaux près de New Ireland, à l'est de la Nouvelle Guinée, un banc de barracudas tourne autour d'un plongeur. Photo David Doubilet. Pages 4-5: Botswana: Global 200 écorégion 105. Ces éléphants d'Afrique se dirigent vers un point d'eau pendant la saison sèche dans le delta de l'Okavango. Photo Frans Lanting. Pages 6-7: Papouasie Nouvelle Guinée : Global 200 écorégion 210. Les poissons-clowns évoluent entre les tentacules d'une anémone de mer à Milne Bay. Photo David Doubilet. Pages 8-9: Californie: Global 200 écorégion 75. Les petits blocs de roche de la rivière Merced dans le Parc National de Yosemite recouverts d'un manteau neigeux. Photo Galen Rowell. Pages 10-11: Bornéo: Global 200 écorégion 40. Les arbres accidentés ont formé des trouées dans la voûte de la forêt équatoriale. Photo Frans Lanting. Pages 12-13: Alaska: Global 200 écorégion 141. Un ours brun tente de happer un saumon près de Brooks Falls dans le Parc National Katmai. Photo Galen Rowell. Pages 14-15: Californie, Global 200 écorégion 74 et 140. Les oies des neiges en route vers le Sud se posent sur le lac Tule. Photo Frans Lanting. Pages 16-17: Polynésie française, Global 200 écorégion 215. Une baleine à bosse et son baleineau nagent juste sous la surface de l'Océan Pacifique sud. Photo David Doubilet. Pages 18-19: Antarctique, Global 200 écorégion 233. Les manchots empereurs élèvent leurs petits encore tout duveteux sur les rives de la mer de Weddell. Photo Galen Rowell.

23 Préface
DIRK FRIMOUT, ASTRONAUTE SCIENTIFIQUE

24 Les Global 200
PRÉSERVER LES HABITATS LES PLUS PRÉCIEUX POUR SAUVEGARDER LA FASCINANTE DIVERSITÉ BIOLOGIQUE DE LA PLANÈTE

30 Les Joyaux de la Terre
UN VOYAGE AUTOUR DU MONDE GRÂCE À FRANS LANTING, GALEN ROWELL ET DAVID DOUBILET

252 Remerciements

253 Les 200 écorégions

Préface

Notre planète est un joyaux précieux, une oasis de vie exceptionnelle dans le cosmos.
Pour celui qui, comme moi, a eu la chance de l'admirer depuis l'espace, c'est une vision fascinante, mystique, inoubliable.
Hélas, nos modes de production et de consommation polluants et destructeurs combinés à la pression démographique, commencent à laisser sur cette planète, belle mais si fragile, une empreinte trop lourde à supporter.
L'eau douce, les forêts, les océans, sont à bout de ressources. De nombreuses espèces animales et végétales, à bout de souffle. La biodiversité, notre assurance vie, s'en va à vau-l'eau.
Devant cette situation critique, le WWF a entrepris d'identifier les régions de la Terre les plus riches en biodiversité pour y concentrer ses efforts de conservation de la nature. Cette approche, le WWF l'a fait connaître avec le lancement, en 1997, de sa campagne Planète Vivante*, à laquelle j'avais déjà tenu à prêter ma voix, à l'époque.*
En parcourant ces Joyaux de la Terre*, vous croiserez le regard d'une panthère des Everglades, vous vous baignerez avec une tortue marine dans un lagon polynésien, vous survolerez les pics andins sur les ailes d'un condor et, comme moi, vous sortirez convaincu de l'importance de cette démarche.*
Mais la nature qui nous entoure n'est pas quantité négligeable. La haie vive qui borde votre jardin ou la mare où croassent les grenouilles sont aussi des havres de biodiversité, certes d'importance plus locale que globale mais tout aussi dignes d'intérêt.
C'est en prenant conscience des incroyables richesses naturelles que notre planète abrite encore que nous pourrons mieux les conserver.

Dirk Frimout,
Astronaute Scientifique STS 45

Les Global 200

PRÉSERVER LES HABITATS LES PLUS PRÉCIEUX POUR SAUVEGARDER LA FASCINANTE DIVERSITÉ BIOLOGIQUE DE LA PLANÈTE

L'affolante vague d'extinctions d'espèces de faune et de flore à laquelle nous assistons actuellement nécessite une action de grande envergure si l'on veut sauvegarder la fabuleuse variété de la vie sur la Terre. La plupart des scientifiques impliqués dans la conservation de la nature reconnaissent aujourd'hui qu'il n'est pas possible de sauver toutes les espèces et tous les milieux naturels de la planète : c'est pourquoi ils préconisent de faire en sorte qu'au moins les écosystèmes et les habitats naturels les plus importants puissent être préservés.

Les Global 200 constituent la première tentative visant à intégrer des échantillons représentatifs de tous les types d'habitats naturels les plus importants dans une stratégie globale de conservation. L'objectif principal du WWF est de promouvoir la conservation des écosystèmes (terrestres, d'eau douce et marins) et des processus écologiques permettant de garantir le maintien d'une diversité biologique d'importance globale. Pour atteindre ce but, les scientifiques ont identifié les sites les plus importants appartenant à chacun des principaux types d'habitats naturels (par exemple, les forêts tropicales sèches, les grands lacs, les récifs coralliens, ...).

Cette approche a été approuvée par un nombre toujours croissant de protecteurs de la nature, car elle est basée sur des principes logiques de biologie en intégrant la conservation des espèces (qui était jusqu'ici l'objectif premier des stratégies de conservation de la diversité biologique) dans un concept plus global, à savoir la conservation d'écosystèmes et de processus écologiques dans leur intégralité. S'il est vrai que les forêts tropicales abritent probablement la moitié des espèces vivant sur Terre, il n'en est pas moins vrai non plus que l'autre moitié de ces espèces se trouve dans les autres habitats naturels.

La plupart des actions de conservation sont le fait de nations individuelles : or, la diversité biologique et les processus naturels (comme par exemple les migrations) ne se limitent pas aux frontières des Etats. C'est pourquoi nous avons utilisé le concept d'"écorégions" en tant qu'unités dans l'analyse qui nous a amenés à identifier les Global 200. Une écorégion est une unité relativement étendue, sur terre ou dans l'eau, contenant un assemblage spécifique de communautés naturelles dans lesquelles interviennent la majorité des espèces qui y vivent, des processus dynamiques qui s'y déroulent et des conditions environnementales qui les caractérisent.

Pour tenter de préserver un échantillonnage suffisant de la diversité biologique à l'échelle globale, nous avons dans un premier stade répertorié les écorégions par biomes (terrestre, d'eau douce, marin). Après quoi, ces biomes ont été divisés en Types principaux d'habitats (TPA) : ceux-ci définissent des régions du monde qui ont en commun des conditions environnementales, des structures d'habitats naturels et des caractéristiques de complexité biologique similaires, et qui hébergent des communautés naturelles dont les structures et les adaptations sont similaires. Nous avons ainsi identifié une douzaine de TPA terrestres, trois TPA d'eau douce et quatre TPA marins. Chaque TPA a ensuite été subdivisé suivant des critères biogéographiques (par exemple, le Néarctique, l'océan Indien...) afin que la faune et la flore uniques des différents continents et des différents bassins océaniques soient représentées. Enfin, nous avons identifié les écorégions qui constituent les exemples les plus significatifs de la diversité biologique pour chacun des TPA au sein de ces biomes biogéographiques.

237 écorégions ont été identifiées : leur diversité biologique et leur valeur représentative sont ainsi reconnues au niveau

mondial. Ces écorégions représentent les biomes terrestres, d'eau douce et marins, de même que les 19 TPA que nous avons identifiés dans ces biomes. Si on répartit les écorégions par biomes, on compte 59 % pour le biome terrestre, 15 % pour le biome d'eau douce et le solde pour le biome marin. Si les écorégions terrestres sont mieux représentées, c'est surtout parce que l'endémisme localisé y est plus important que dans le biome d'eau douce ou le biome marin.

Les données qui nous ont servi à identifier les écorégions des Global 200 ont été récoltées d'après des études intensives, tant au niveau global que régional, de la diversité biologique. Ces études ont été effectuées par le *Conservation Science Programme* du WWF, ainsi que par bon nombre d'autres organisations et individus. L'analyse des données s'est effectuée en collaboration avec des centaines d'experts régionaux, et s'est accompagnée d'un examen approfondi de la littérature scientifique disponible.

Les écorégions qui composent les Global 200 sont très variées, non seulement en ce qui concerne leurs caractères distinctifs au niveau de la diversité biologique, mais également en ce qui concerne leur statut de conservation. Parmi les écorégions terrestres, 47 % sont considérées comme étant gravement ou très gravement menacées, 29 % sont considérées comme vulnérables, et seulement 24 % sont considérées comme relativement stables ou intactes. Dans les écorégions ayant subi des altérations graves, les espèces et les communautés les plus caractéristiques ne survivent plus que dans des fragments d'habitats isolés. Parmi les TPA terrestres, ce sont les écorégions appartenant aux types des forêts tropicales sèches, des prairies tempérées, des maquis méditerranéens et des forêts de feuillus tempérées qui sont les plus menacées. On s'attend à ce que les écorégions insulaires connaissent une vague d'extinctions durant les deux décennies à venir, vu la fragilité des espèces qu'elles abritent et les menaces sérieuses qui affectent au niveau mondial les habitats insulaires endémiques face à l'introduction d'espèces exogènes et à la perte des habitats naturels.

Une des craintes exprimées par rapport au concept des Global 200 est qu'il s'agit d'une approche très ambitieuse de la conservation de la diversité biologique globale : en d'autres termes, en accordant son attention à 237 écorégions au lieu de se concentrer sur quelques "zones-clés" particulièrement importantes pour leur diversité biologique, on court le risque de diluer les efforts au détriment de ces zones d'importance exceptionnelle. Nous répondons à cette critique en rappelant que l'étendue géographique elle-même de toutes les écorégions est telle que toutes les nations de la Terre, ou presque, sont impliquées d'une façon ou d'une autre dans la conservation de ces écorégions, au sein d'une stratégie de conservation globale. Du niveau global de cette stratégie jusqu'au niveau régional ou même national, les Global 200 renforcent les priorités en les faisant partager et constituent une perspective globale pour des actions de conservation au niveau local, national et régional.

Eric Dinerstein et David M. Olson

Note : le texte ci-dessus est extrait du document intitulé *"The Global 200 : A representation approach to conserving the Earth's distinctive ecoregions"*, écrit par D.M. Olson et E. Dinerstein.

Introduction

LA NATURE : NOTRE HÉRITAGE

Nous habitons une planète extraordinaire, un jardin sphérique foisonnant de vie. Vue de l'espace, la Terre scintille tel un morceau de délicat marbre bleu et blanc qui aurait atterri parmi de ternes rochers. Ce marbre constitue un miracle dans un système solaire stérile. Formée de débris cosmiques et de couches de lave, sculptée par la glace et habillée d'un manteau de végétation, notre Terre offre un paysage d'une variété infinie. Cependant, bien que notre planète apparaisse luxuriante et fertile, les scientifiques affirment que nous assistons à une série d'extinctions comme jamais auparavant dans l'histoire humaine : l'extinction d'espèces, mais également d'habitats et d'écosystèmes entiers. Il ne s'agit pas d'un phénomène naturel, comme celui qui mit un terme à l'ère des dinosaures, mais d'un phénomène dont l'homme est responsable.

À l'heure actuelle, plus d'un demi-hectare de forêt en moyenne disparaît chaque seconde. Le réchauffement de la planète, en bonne partie provoqué par la combustion à grande échelle d'énergies fossiles telles que le charbon, le pétrole et le gaz, perturbe la migration des passereaux, provoque le blanchissement des récifs coralliens et la fonte des glaciers. Les populations humaines en plein accroissement dégradent les forêts, les savanes, les marais et les rivières à un rythme jamais vu auparavant. Les espèces qui y vivent, y compris les plantes qui soignent et les poissons qui nourrissent des millions d'êtres humains, connaissent un déclin accéléré. Si la tendance actuelle persiste, près d'un cinquième de toutes les espèces vivantes, animales ou végétales, pourraient disparaître d'ici 30 ans.

Si l'on n'entreprend pas immédiatement des actions au niveau stratégique, le fragile tissu de la vie, qui a mis 4 milliards d'années pour évoluer, s'effilochera et tombera en lambeaux, entraînant de graves conséquences pour toutes les espèces vivantes. Notre survie elle-même dépend de la pureté de l'air et de l'eau, de la qualité de nos aliments, de nos matériaux de construction et de nos médicaments, ainsi que de l'équilibre du climat ; seuls des écosystèmes naturels sains peuvent garantir la présence de ces éléments vitaux.

À l'approche du nouveau millénaire, le Fonds mondial pour la nature (WWF) a lancé sa Campagne pour une Planète Vivante visant à préserver l'abondance et la diversité extraordinaires de la vie sur cette planète. Cette campagne met l'accent sur la protection de certaines espèces animales en voie d'extinction comme le tigre, les rhinocéros, le panda géant et les baleines ; elle a pour but d'apporter des solutions aux menaces planétaires, telles que la dégradation des forêts, la pêche excessive, les changements climatiques et la pollution par les substances toxiques. La Campagne pour une Planète Vivante constitue une mobilisation sans précédent visant à protéger les habitats les plus riches au monde d'un point de vue biologique : les « Global 200 ».

Idéalement, il faudrait sauvegarder toutes les espèces et tous les habitats naturels sur Terre : mais nos ressources sont limitées, ce qui nous a obligés à opérer des choix difficiles. Puisque nous ne pouvons sauver toutes les espèces, comment pouvons-nous identifier les régions du monde qui méritent le plus d'être préservées ? Pour trouver la réponse à cette question, les scientifiques du WWF ont procédé à l'analyse la plus complète jamais réalisée sur la biodiversité. Ils ont ainsi identifié plus de 200 écorégions représentatives des divers types d'habitats terrestres, marins et d'eau douce de la Terre où la richesse biologique est la plus caractéristique et la plus importante : des régions dont la destruction porterait le plus à conséquence et dont la conservation doit mobiliser un maximum d'efforts.

Le concept est à la fois simple et ingénieux : en protégeant la plus grande variété d'habitats sur Terre, nous pouvons non seulement protéger la plus grande variété possible d'espèces et sauvegarder les animaux et les plantes les plus menacés, mais également des communautés naturelles et des écosystèmes entiers, qui constituent l'expression la plus évoluée de la vie. Quelle que soit la zone géographique à laquelle elles appartiennent, les écorégions regroupées dans les Global 200 sont toutes des manifestations uniques de la biodiversité, chacune avec ses propres espèces, ses processus écologiques et ses phénomènes évolutifs hautement caractéristiques.

Prenons, par exemple, les forêts tropicales sèches de Madagascar, une île de la taille du Texas : isolée depuis des millénaires du continent africain, l'île regorge de milliers d'espèces qui n'existent nulle part ailleurs, parmi lesquelles quelque trente espèces de lémuriens, deux tiers de tous les caméléons du monde et la tortue à soc, l'un des reptiles les plus menacés à l'échelle mondiale. Un pourcentage record de 98 pour cent des mammifères terrestres de Madagascar ne se trouvent que sur cette île : la plupart d'entre eux peuplent les forêts situées à l'ouest de l'île, forêts de plus en plus dévastées par la population humaine en plein accroissement, dont les besoins en bois de chauffage ne cessent d'augmenter. Des milliers d'hectares ont déjà été déboisés et affectés à l'agriculture ou aux pâturages, tandis que les incendies non contrôlés dans les savanes environnantes rongent progressivement les quelques fragments de forêt qui subsistent.

Les premiers explorateurs partis à la découverte du désert de Chihuahua, qui s'étend au sud-ouest des États-Unis et au nord du Mexique, s'émerveillèrent devant l'opulence des prairies herbeuses, la majesté des fleuves et des rivières bordés de galeries forestières, la richesse des zones humides, ou encore l'abondance des animaux sauvages qui évoluaient en totale liberté, tels que la pronghorn (antilocapre), le mouflon du désert ou le loup du Mexique. En termes de biodiversité, cette région supplante de nombreuses régions plus connues en Amérique du Nord : elle héberge plus d'espèces de mammifères que le grand parc du Yellowstone, plus d'espèces d'oiseaux que les Everglades en Floride et plus d'espèces de plantes que les forêts côtières du Pacifique, dans le nord-ouest des États-Unis. On y trouve quelque 250 espèces de papillons et près de 350 espèces de cactus, la plupart confinés dans une seule vallée ou sur le flanc d'une seule colline. Aujourd'hui, le gracieux loup du Mexique est au seuil de l'extinction ; les prairies ont été remplacées par des champs irrigués, les marais et les forêts alluviales souffrent du surpâturage, de l'érosion et des travaux de déviation des cours d'eau ; les zones humides, vitales pour la survie de la vie sauvage, sont détruites.

Afin de sauver de tels trésors, ainsi que les principales autres richesses écologiques de la planète, le WWF devait avoir une vision globale des menaces qui hypothèquent leur avenir. Un tel projet, d'une portée planétaire, doit relever des défis considérables : comment trouver un équilibre entre les besoins légitimes des hommes et la nécessité de préserver la faune et la flore sauvages ? Comment intégrer les problèmes d'ordre social ou politique de façon à favoriser la conservation de la nature à plus long terme ? Et comment forger des alliances entre les gouvernements par-delà les frontières politiques ?

Conscient de ces enjeux, le WWF a déjà lancé des projets dans plusieurs écorégions des Global 200. A Madagascar, par exemple, il a développé des partenariats avec le gouvernement national et les communautés locales en vue de gérer les parcs nationaux de Beza Mahafaly et de Zombitze Vohibasia ; il étudie les effets de l'accroissement démographique et des migrations humaines sur les espèces sauvages sur l'île ; et afin d'endiguer le déboisement continuel des forêts malgaches en réduisant les besoins en bois de chauffage de la population, le WWF aide les Malgaches à concevoir et fabriquer des poêles à bois plus économiques en combustible.

Afin de protéger les précieux habitats aquatiques du désert de Chihuahua, le WWF collabore avec les écologistes locaux et les propriétaires terriens afin de mettre en œuvre un plan de gestion pour les sources d'eau douce présentes dans la région. Le WWF a également fait appel à un groupe de scientifiques mexicains et américains afin d'élaborer des stratégies pour la protection de sites-clés comme les Davis Mountains au Texas, les Sky Islands en Arizona et les communautés végétales du maquis subdésertique de la Meseta centrale.

Dans le parc national de Kayan Mentarang à Bornéo, le WWF a constitué et coordonné un groupe de scientifiques, d'étudiants et de fonctionnaires gouvernementaux tous originaires de l'île : ceux-ci ont vécu pendant plusieurs mois parmi les populations locales afin d'apprendre comment utiliser les ressources de la forêt sans la détruire. Sur l'archipel des Galápagos, qui abrite des espèces uniques telles que les iguanes marins et les tortues terrestres géantes, le WWF travaille en commun avec les écologistes équatoriens afin de débarrasser les îles des espèces introduites par l'homme comme les chiens, les chats, les rats et les chèvres, qui s'attaquent à la faune sauvage ou entrent en compétition avec celle-ci pour les ressources alimentaires.

Au Brésil, le WWF travaille en étroite collaboration avec le gouvernement afin de surveiller la construction d'un immense canal qui pourrait dévaster le Pantanal, la plus grande zone humide du monde. Les responsables de programme du WWF coopèrent également avec les chercheurs brésiliens pour sauver le tamarin lion, menacé d'extinction. Son habitat, la forêt atlantique, se réduit rapidement suite à la pression humaine.

Les forêts de Klamath-Siskiyou en Californie et en Oregon sont réputées pour leur extraordinaire biodiversité. Outre le fait qu'elle abrite la plus grande concentration de rivières protégées pour leur caractère sauvage et pittoresque aux États-Unis, cette écorégion des Global 200 est également peuplée d'une grande variété d'espèces animales rares comme l'autour, le pygargue à tête blanche et le puma. Dix-sept espèces de conifères différents ont été recensées dans une seule vallée sur une superficie de un kilomètre carré. Mais l'exploitation excessive des forêts, l'industrie minière et l'extension des pâturages menacent cette richesse. Le WWF coopère avec la Klamath-Siskiyou Alliance (une organisation non gouvernementale locale), divers groupements d'intérêts et les dirigeants des communautés locales afin d'identifier les sites les plus importants du point de vue de la conservation, de déterminer des priorités et de promouvoir un modèle de développement durable de la région qui garantisse la pérennité des ressources naturelles au lieu de les détruire. La collaboration entre le WWF et les propriétaires privés va de pair avec la poursuite des efforts visant à la certification et à la promotion du bois provenant d'exploitations forestières respectueuses de l'environnement.

C'est dans quelques vallées isolées de l'est du massif himalayen qu'on trouve les forêts tempérées les plus diversifiées au monde, les plantes herbeuses les plus hautes de la planète, ou encore la plus forte densité de tigres et de rhinocéros en Asie. D'autres espèces animales rares peuplent également cette région, comme l'éléphant d'Asie, le petit panda, le langur doré (semnopithèque), le takin et le léopard des neiges. La remarquable diversité de la faune sauvage dans cette région est de plus en plus menacée par une population humaine particulièrement pauvre et en rapide accroissement. La demande en bois de chauffage et en fourrage dévaste les forêts locales ; le surpâturage appauvrit les zones herbeuses et les prairies d'altitude, et le braconnage constitue une menace permanente pour les espèces les plus rares. Le WWF aide les communautés locales à gérer leurs propres ressources naturelles. Un des projets développés par le WWF vise à confier aux communautés locales l'encadrement des touristes se rendant dans la Zone de conservation de l'Annapurna, ou à réduire la consommation de bois de chauffage par les randonneurs et les villageois. Ce projet bénéficie d'un budget annuel de plus d'un demi-million de dollars et a déjà permis de régénérer d'importantes parcelles de forêts. Le WWF coopère également avec les autorités chinoises, indiennes et népalaises en vue de créer un « parc de la paix », une zone protégée qui s'étendrait sur les trois pays dans la région de la Kanchenjunga, le massif montagneux qui constitue le point de rencontre des trois nations.

Le succès de toutes ces initiatives, ainsi que de bien d'autres, dépend d'une coopération sans précédent à tous les niveaux : entre les conservateurs de la nature et les agriculteurs, entre les simples citoyens et les gouvernements, et même entre les nations, étant donné que les écorégions dépassent souvent les limites des frontières nationales. Depuis que le WWF a lancé sa Campagne pour une Planète Vivante, des chefs d'État et d'entreprise ont relevé le défi en s'engageant à protéger la nature sur près d'un milliard d'hectares de zones naturelles réparties dans plus d'une trentaine de pays, soit au total un territoire vaste comme les États-Unis. Mais ce n'est qu'un début. Si nous voulons réellement léguer une planète vivante à ceux qui nous suivront, nous avons tous notre rôle à jouer. Nous devons être convaincus du fait que nos actions personnelles comptent et que les décisions que nous prenons ont une incidence permanente sur le fragile tissu de la vie. Bref, nous devons comprendre que chacun d'entre nous peut changer le cours des choses.

Pour mieux visualiser les régions qui sont au centre de cet enjeu, cet ouvrage présente à travers de somptueuses illustrations quelques-unes des écorégions faisant partie des Global 200. Elles sont admirablement reproduites dans toute la palette de leurs couleurs par trois des plus talentueux photographes au monde, dont le témoignage résonne comme un véritable plaidoyer en faveur de la nature, et constitue un hommage envers le précieux héritage que nous risquons fort de perdre à jamais.

Frans Lanting, Galen Rowell et David Doubilet sont des pionniers dans l'art de la photographie de la nature : chacun possède son style propre, qui le distingue de tant d'autres qui ont fait de la photographie leur gagne-pain. Frans Lanting nous offre des portraits intimes de la vie des animaux, nous révélant à la fois leur beauté et leur mystère. Galen Rowell est réputé pour ses photographies époustouflantes de paysages montagneux qui mettent à la portée de tous la beauté austère du monde d'altitude. Quant aux photographies de David Doubilet, elles sont comme une fenêtre sur le monde sous-marin. Les photographies qu'ils présentent dans cet ouvrage nous entraînent dans un voyage visuel autour du monde, illustrant la diversité dans les écorégions des Global 200.

Mais ils sont plus que de simples photographes : ils sont également d'ardents défenseurs des sujets qu'ils immortalisent par l'image. « Notre époque est celle de l'exploration sous-marine », précise David Doubilet : « Une exploration semblable à la découverte des terres nouvelles qui eut lieu à la fin des années 1700 et au début des années 1800. Mais cette fois-ci, nous possédons plus de recul par rapport aux modes d'exploration, et savons tout le mal qu'on peut faire aux nouveaux mondes que l'on découvre. C'est pourquoi je veux révéler aux gens les merveilles du monde sous-marin d'une façon telle que plus personne n'ait envie de les saccager. »

Galen Rowell souligne que tout au long de l'histoire, les hommes se sont toujours tournés vers la nature pour se recueillir spirituellement. « Il ne s'agit pas seulement d'un phénomène contemporain, d'une façon de s'évader de la ville. Jésus s'est isolé dans la nature pour prier. Les Tibétains se sont toujours tournés vers la montagne pour leurs pèlerinages. Nous devons préserver de tels endroits, non seulement pour le bien de la diversité biologique, mais aussi pour le bien de toute l'humanité. »

« Galen, David et moi avons eu l'occasion de voyager à travers le monde à maintes reprises et nous avons pu couvrir une grande variété de sujets en rapport avec la nature. Cela nous a permis d'acquérir une perspective unique », précise Frans Lanting. « Nous sommes capables de voir et de comparer des endroits, de révéler les changements intervenus au cours du temps. Bon nombre de ces changements sont néfastes, mais je pense que nos images aident les gens à prendre conscience de ce qui se passe au-delà de l'horizon de leur propre vie. »

Les images remarquables illustrant les pages qui suivent servent à nous rappeler l'infinie diversité de la Terre. La biodiversité est notre héritage, un présent de cette planète transmis de génération en génération. La génération actuelle verra-t-elle ce trésor dilapidé à jamais ? Il est de notre devoir de léguer à nos enfants une planète vivante.

« En présentant les animaux dans leur dignité et leur grâce naturelles, je fais d'eux des ambassadeurs plaidant la cause de la conservation des écosystèmes. »

Frans Lanting

Frans Lanting a grandi dans un petit village des environs de Rotterdam : très tôt, il a été attiré par les petits coins de nature qui avaient subsisté dans sa région. « Aux Pays-Bas, on apprend à apprécier la diversité biologique des petits habitats naturels », déclare-t-il. « Bien que le pays soit très peuplé, de nombreuses plages, dunes côtières et zones humides ont pu être préservées. J'y ai passé une bonne partie de mon enfance et c'est là que j'ai commencé à observer les animaux et à photographier la nature. »

Son père était un homme d'affaires dont les activités n'avaient aucun lien avec la sensibilité artistique que Frans développa suite à ses premières expériences de naturaliste. Enfant, il avait appris à reconnaître les dunes côtières des dunes intérieures et avait saisi toute l'importance des variations du niveau des eaux et leur influence sur la flore et la faune.

« Tout comme le musicien ne peut expliquer son amour pour le violon, je ne peux expliquer précisément pourquoi j'ai été attiré par la nature. J'entendais simplement la musique dans ma tête, et aujourd'hui, je l'entends encore. Je suis toujours le plus heureux des hommes lorsque je me trouve face à l'horizon infini, que j'entends et que je vois les oiseaux marins tout autour de moi. »

La destinée de son environnement côtier a également influencé son avenir. Les dunes et les marais qu'il aimait tant autour de son village durent céder la place à un immense complexe pétrochimique et au plus grand port industriel au monde ; le chant des oiseaux avait fait place au mugissement des sirènes des bateaux et au sifflement de la vapeur s'échappant des cheminées d'usines. Ce sont ces bouleversements qui décidèrent Frans à mettre son art photographique au service de la protection de la nature. « Ce qui s'est passé ici explique en bonne partie pourquoi je suis devenu un protecteur de la nature. »

Mais il resta fortement influencé par sa famille, et tout en perfectionnant la pratique de la photographie, il obtint en 1977 sa maîtrise en économie de l'environnement à l'Erasmus Universiteit de Rotterdam. Un an plus tard, il commençait des études post-universitaires en écologie à l'université de Californie à Santa Cruz. Mais son amour pour la nature et son

ÎLES GALÁPAGOS, ÉQUATEUR

Écorégion 126 des Global 200. Un iguane terrestre des Galápagos avance sur une plage rocailleuse sous un ciel bleu vif *(à gauche)*. L'aspect austère du paysage, résultat de l'activité volcanique, contraste avec la richesse des espèces hors du commun qu'on y trouve. L'iguane terrestre, l'une des deux espèces d'iguanes qui peuplent les îles, creuse des terriers dans le sol aride des régions côtières, tandis que son cousin marin passe une bonne partie de sa vie dans la mer.

Photo : Frans Lanting

besoin de l'interpréter par le biais de la photographie prirent finalement le dessus : deux ans plus tard, il quittait le monde académique pour se consacrer pleinement à sa passion. Sa vie est aujourd'hui rythmée par les horizons infinis, par les sons et les ambiances des grands espaces.

« C'était une étape logique » , déclare-t-il après avoir publié une douzaine d'ouvrages et des centaines d'articles dans presque toutes les revues internationales spécialisées parmi lesquelles *National Geographic*, *GEO*, *Life*, *Audubon*, *Le Figaro* et *Stern*. « Mon intérêt pour la nature dépasse le simple cadre de la photographie. Je peux parfaitement me contenter d'observer les animaux en oubliant mon appareil photo. »

« J'aime me présenter aux animaux d'une façon humble et vulnérable. Je suis convaincu qu'ils peuvent parfaitement vous accepter si vous étudiez attentivement leurs réactions par rapport à votre présence. En devenant un élément passif de leur environnement et en utilisant le langage du corps, j'essaie de leur faire part de mes intentions. Mais je laisse toujours aux animaux le choix de décider de l'évolution de la situation. »

« Je les considère comme des individus. J'ai assisté à de nombreuses situations qui remettent en question le comportement animal tel qu'il est expliqué dans les livres. J'ai observé des interactions particulièrement subtiles et compliquées chez des lions, des albatros ou même des tortues géantes. »

Au début de sa carrière, Frans commença par observer discrètement de petites communautés animales. C'est ainsi qu'il s'intéressa à un groupe de bécasseaux sanderlings qui se nourrissaient sur une plage de Californie, et leur rendit visite pendant des semaines. Les oiseaux s'habituèrent progressivement à cet humain qui s'avançait délibérément vers eux, et à son appareil photo bourdonnant et cliquetant. Ils le laissèrent s'approcher de très près, ce qui permit à Frans Lanting de découvrir, outre le comportement des oiseaux dans le groupe, les particularités individuelles de chacun d'eux. « Avant de photographier des animaux, je passe beaucoup de temps à les observer », confie Lanting, « car si je ne comprenais pas bien ce qui se passe, mes photos demeureraient banales».

Étudier de près la vie d'un petit échassier est tout autre chose que d'avoir des contacts rapprochés avec des grands carnassiers ou des géants tels que les éléphants. En Afrique, Frans suivit une famille de lions pendant un mois. Aux yeux des animaux, il était devenu un élément fixe et silencieux de leur environnement : ils le considéraient presque comme un nouveau lion, et l'autorisèrent un soir à s'approcher jusqu'à quelques mètres pour les photographier pendant qu'ils dévoraient une girafe. Couché sur le ventre pour photographier des éléphants à proximité d'un point d'eau dans le désert du Kalahari, il dut affronter les simulacres d'attaques de la part du plus grand mammifère terrestre au monde.

« Je devais pousser les limites le plus loin possible », se rappelle-t-il. « J'avais passé plusieurs jours auprès du point d'eau, jusqu'à ce que les animaux ne me considèrent plus que comme un nouvel élément du paysage. Cela ne posa pas de difficultés en ce qui concerne les gazelles, mais pour les éléphants, ce fut une tout autre histoire. Un grand mâle était particulièrement soucieux de ma présence : il secouait furieusement la tête ou envoyait par sa trompe de grandes gerbes d'eau ou de poussière dans ma direction. Je devais absolument deviner s'il avait d'autres intentions qui se seraient révélées trop dangereuses pour moi. »

Grâce à de telles rencontres intimes, Frans Lanting rapporta des images mémorables qui lui ont valu une reconnaissance internationale. En 1988 et 1989, il obtint les plus hautes distinctions au World Press Photo pour le travail qu'il avait accompli à Madagascar et en Antarctique. En 1991, il se vit décerner le titre de Photographe naturaliste de l'année par la BBC. Wilbur Garrett, rédacteur du *National Geographic Magazine* dans les années 1980, l'appelait « le meilleur photographe-nature du moment ». En 1997, il reçut le prix Ansel Adams du Sierra Club pour sa contribution à la protection de la nature grâce à son travail de photographe. Le numéro de février 1999 du magazine *National Geographic* consacra les deux tiers de son article principal à ses photos sur la biodiversité : aucun autre photographe n'eut droit à une telle contribution au cours des 110 années d'existence de ce périodique.

« La plupart des gens éprouvent aujourd'hui de la sympathie pour les grands animaux bien connus comme les tigres ou les baleines », explique Frans Lanting. « Cependant, il est beaucoup plus difficile d'éprouver de la sympathie pour des écosystèmes entiers ou pour tous les petits organismes qui constituent les fondements de la nature. Si nous ne parvenons pas à apprécier les processus écologiques dans leur ensemble, les grands mammifères qui nous préoccupent tant pourraient bien disparaître un jour. »

« En définitive, je fais ce que je fais parce que j'aime ça. Je profite vraiment de mes activités à l'extérieur, des moments passés dans la nature et avec les animaux. Mais si je prends des photos, c'est aussi parce que je suis persuadé que les images que je rapporte peuvent sensibiliser le public au sujet de l'avenir de la nature. »

Des millions de personnes ont appris à connaître les régions éloignées à travers son regard. Son reportage poignant sur le monde végétal et animal unique de Madagascar et son témoignage visuel sur la crise écologique qui se déroule sur l'île constituaient un appel pressant aux scientifiques, aux protecteurs de la nature et aux bailleurs de fonds. De la même manière, il réussit par ses prises de vues à attirer une attention accrue sur le delta de l'Okavango au Botswana, un site naturel qu'il considère comme ayant une importance globale.

« J'aime raconter des récits complexes sur la relation existant entre les animaux et le milieu dans lequel ils vivent. Même si certaines de mes photographies présentent des animaux isolés individuellement de leur environnement, je sais que, dans la réalité, il n'en est rien. Chaque être vivant appartient à un système complexe : un système auquel – et j'espère que de plus en plus de gens s'en rendront compte – notre espèce appartient également. »

BORNÉO

Écorégions 40 et 41 des Global 200. Leur image dans l'objectif de l'appareil photo fascine deux jeunes orangs-outans orphelins *(ci-dessus)* qui ne demandent pas mieux que de coopérer avec le photographe Frans Lanting. Deux autres orphelins se réconfortent l'un l'autre dans un centre de revalidation du nord de Bornéo *(à gauche)*, où ils seront progressivement réadaptés à la vie sauvage. Le milieu naturel des orangs-outans se réduit de plus en plus suite au déboisement et à la mise en culture des terres : seuls quelque 20 000 orangs-outans survivent à l'heure actuelle à Sumatra et à Bornéo.

Photos : Frans Lanting

« Si on comparait ma vie à une roue, les étendues sauvages seraient son axe,
et la photographie et l'écriture les rayons. »

GALEN ROWELL

À l'approche de ses trente ans, Galen Rowell fut confronté à un dilemme. Dès son enfance, il avait appris à aimer les grands espaces sauvages en accompagnant ses parents lors de randonnées dans la nature. Il était devenu un alpiniste chevronné avant même d'avoir vingt ans, et il se sentait attiré par la beauté simple et rude des montagnes. En même temps, il avait développé son talent dans le domaine de l'écriture et de la photographie.

Cependant, il ne pouvait s'adonner à sa passion que pendant son temps libre. Il avait suivi une formation en physique, mais aucune étude ne pouvait apparemment lui permettre de satisfaire son idéal tout en gagnant sa vie. Il se mit à réaliser des reportages sur ses ascensions dans le Yosemite et la High Sierra et envoya ses articles à plusieurs magazines. Mais aucun ne parut dans les grandes publications.

Sans disposer d'un plan de carrière précis, il abandonna ses études et assura sa subsistance, ainsi que celle de sa femme et de ses deux enfants, en ouvrant un petit garage dans les environs de son domicile, à Berkeley, en Californie. « Je pensais que je devrais me contenter d'une vie scindée en deux parties, la première qui me permette de gagner de l'argent et la seconde qui me permettrait de parcourir les régions sauvages », explique-t-il. Il pensait que son commerce ne serait qu'une occupation temporaire qui lui permettrait de subsister pendant quelques années, le temps de réfléchir à ce qu'il pourrait faire. Cette situation s'éternisa pendant dix ans.

En 1972, Galen Rowell céda à sa passion créative. Il vendit son affaire et se lança comme journaliste, photographe et conférencier indépendant spécialisé dans le domaine de la montagne. « La vente de mon garage m'avait rapporté un peu d'argent », se rappelle-t-il, « mais à un moment, je n'étais plus qu'à cinquante dollars de la faillite totale ».

Moins d'un an après ce tournant dans sa vie, il réussit à percer lorsqu'un ami photographe lui demanda de l'aider à réaliser un article sur l'alpinisme dans le Yosemite pour le magazine *National Geographic*. Lorsque son ami fut appelé sur une autre mission, Galen réalisa l'article à lui seul. Ses photos furent publiées en couverture.

Au cours des années qui suivirent, Galen visita les cinq

CALIFORNIE, ÉTATS-UNIS

Écorégion 75 des Global 200. Le paysage alpin s'illumine avant l'orage qui menace au-dessus de l'Evolution Lake, situé le long du sentier de grande randonnée John Muir dans le Parc national de Kings Canyon *(à gauche)*. Ce lac alpin, qui doit son nom à un explorateur du XIXe siècle grand admirateur de Charles Darwin, s'écoule au nord et à l'ouest dans la rivière San Joaquin. Le lac est situé à près de 3300 mètres d'altitude et reste souvent gelé jusqu'au milieu de l'été.

Photos : Galen Rowell

continents, les deux pôles et participa à plus de vingt expéditions dans l'Himalaya. Parmi ses exploits d'alpiniste figurent plus de vingt ascensions en première dans les coins les plus reculés de la Terre. Des centaines de milliers de personnes ont assisté aux conférences, aux séminaires et aux cours de photographie qu'il a organisés, et ses quatorze ouvrages se sont vendus partout dans le monde. Galen Rowell était enfin parvenu à communiquer aux autres son amour de la nature.

« J'entretiens une relation physique avec la nature grâce à l'escalade, le ski ou la randonnée en montagne », déclare-t-il. « D'un point de vue visuel, j'exprime mon amour de la nature à travers mes photographies ; je transmets oralement cet amour par le biais des conférences, et par écrit grâce à mes livres et à mes articles. En montagne, vous accordez une attention toute particulière à votre propre survie, et vous vous rendez alors compte de l'importance globale de la biodiversité dans tous les milieux naturels, qu'il s'agisse d'une forêt centenaire ou d'une simple flaque éphémère créée sur la plage par la marée.

Son style photographique remarquable est basé sur sa perception exceptionnelle de la magie de la lumière dans la nature et sa capacité à rendre celle-ci dans toute sa richesse. Les photographies de Galen Rowell s'étalent à chaque page dans toute leur splendeur de formes et de couleurs. Le photographe a su étudier attentivement la nature même de la lumière, et l'effet qu'elle produit lorsqu'elle se pose sur la pellicule d'un film. Il n'utilise jamais de filtres afin d'obtenir un rendu artificiel. C'est pour cette raison que celui qui admire ses photographies sent d'emblée qu'il s'agit d'une scène authentique, telle qu'il aurait lui-même pu la découvrir.

Galen reconnaît que sa carrière de photographe a connu un tournant décisif lorsqu'il prit conscience d'un fait naturel tout simple : toutes les choses sont noires, incolores, jusqu'au moment où elles reflètent ou transmettent la lumière, que notre cerveau perçoit sous forme de couleurs. L'art de la photographie réside donc moins dans le choix des sujets à photographier que dans la perception des couleurs qui pourront exprimer au mieux les innombrables aspects de ces sujets.

La plus grande difficulté consiste à comprendre ce que la caméra et le film perçoivent, comparé à ce que l'œil humain perçoit. Galen Rowell écrivit un récit à la première personne consacré à ce thème. Il met en scène un film photographique, et commence par ces mots : « Je suis un film Kodachrome, qui attend patiemment que vous déclenchiez l'obturateur... Vous et moi ne voyons pas les couleurs de la même façon. Les substances chimiques photosensibles qui feront apparaître les couleurs lorsque je serai développé ne reproduisent pas exactement ces couleurs comme vous les voyez.

Si votre compagnon porte une chemise bleu et rouge, vous pensez que les couleurs de cette chemise sont les mêmes à l'extérieur ou sous l'éclairage artificiel d'un appartement. Je sais que ce n'est pas le cas. Pour moi, les couleurs de cette chemise varient sans cesse suivant les circonstances. » Galen Rowell réalisa que l'homme « crée sa propre perception des couleurs une par rapport à l'autre, quelle que soit la source de lumière. Nos lointains ancêtres devaient être capables de reconnaître la fourrure brune d'un lion du Pléistocène se reflétant dans la pâle lueur d'un clair de lune, noyée dans l'obscurité ou resplendissant au soleil de midi. Le film, qui n'a pas de cerveau et ne se soucie pas le moins du monde des lions, réagit d'une façon uniforme à chaque longueur d'onde. De même, il n'est pas capable d'ignorer les ombres ou de corriger la perspective, contrairement à notre cerveau, qui peut simplifier l'image perçue par notre rétine.

Galen affirme que le fossé qui sépare ce que les yeux perçoivent et ce que le film immortalise est aussi profond que le

Grand Canyon du Colorado. Il étudie ce phénomène depuis déjà trente ans et il a appris comment utiliser de manière créative les mêmes éléments qui rendaient ses premières photos décevantes pour donner à ses productions actuelles une véritable puissance visuelle. Le fait d'avoir perçu ces différences ne lui a certes pas apporté de réponse aux questions philosophiques sur le sens profond de la vie, mais l'a en tout cas aidé à apporter une multitude de réponses visuelles à une question qui revêt bien plus d'importance à ses yeux : quelles sont les expériences qui méritent le plus d'être vécues dans la vie.

Afin d'inviter les autres à partager son univers, Galen Rowell repart sans arrêt vers de nouvelles montagnes sauvages. Il est souvent accompagné par Barbara, sa femme, qui est également son associée : c'est elle qui gère leur galerie à Emeryville et dirige leur agence appelée Mountain Light. Rowell estime qu'il existe une grande similitude entre ce que les Asiatiques appellent un pèlerinage et ce que les Américains appellent une randonnée dans la nature. Dans un cas comme dans l'autre, il s'agit d'accepter certains efforts pour recevoir une gratification spirituelle. « Bien qu'il m'arrive parfois de partir en expédition pour gagner ma vie, la plupart des choses que je fais, je les fais tout simplement parce que j'ai envie de les faire. »

Dans le cadre de la réalisation d'un livre, Galen Rowell a récemment revisité plusieurs endroits de la baie de San Francisco qu'il connaissait depuis son enfance. « Cela m'a permis de voir ces endroits si proches avec un regard tout à fait différent. Avant d'avoir la chance d'escalader les sommets du Yosemite ou de visiter des pays exotiques aux quatre coins du monde, les sites naturels de la baie de San Francisco me paraissaient n'être rien d'autre que de simples terrains d'entraînement. Mais aujourd'hui, même si j'ai visité de nombreuses régions sauvages sur tous les continents, il m'apparaît de plus en plus clairement que les photographies que j'ai réalisées dans la baie n'ont rien à envier à celles que j'ai ramenées des pays les plus lointains. »

Son ouvrage Bay Area Wild devint un véritable best-seller dans la région en 1997. Il mettait l'accent sur la nécessité de sauvegarder des espaces naturels au sein même des zones urbanisées. C'est également cet ouvrage qui l'amena à être impliqué dans la réalisation du présent album.

« Mon intention première était de dire « Hé, regardez toutes les richesses que nous avons ici ». Mais cela m'a amené à réfléchir d'une façon plus globale et à dire « Vous voyez, les grands espaces sauvages ne sont pas les seuls qui méritent d'être sauvegardés : n'oublions pas les coins de nature que nous avons encore chez nous, à portée de main ». »

« Le dalaï-lama m'a un jour dit qu'il ne faut pas nécessairement se trouver dans un lieu extraordinaire pour recevoir une inspiration spirituelle. Plus votre être est inspiré, moins vous aurez d'exigences spirituelles. Sa philosophie repose également sur le concept de la responsabilité universelle : une responsabilité qui englobe l'humanité tout entière, mais aussi la nature. Pour moi, tel est le message central du présent album. C'est pourquoi je suis particulièrement heureux d'avoir pu y contribuer.

CALIFORNIE, ÉTATS-UNIS

Écorégion 75 des Global 200. En associant ses talents de photographe à sa passion pour l'alpinisme, Galen Rowell a produit des milliers de photographies spectaculaires, comme celle de la Horsetail Fall *(à gauche)*, prise le seul jour de l'année où les dernières lumières du soleil couchant illuminent cette chute d'eau impressionnante. Au cours de sa longue carrière d'alpiniste, il réalisa quantité de premières et devint un spécialiste des prises de vues en conditions périlleuses, comme celle (ci-dessus) prise le long des Yosemite Falls.

Photos : Galen Rowell

« Je veux faire disparaître la couche grise qui recouvre la mer et faire découvrir aux gens les merveilles inimaginables qui vivent en dessous. »

David Doubilet

Les rues de New York et les côtes du New Jersey ne prédestinaient certainement pas David Doubilet à entreprendre une brillante carrière de photographe sous-marin. Associant sa passion pour les couleurs à sa passion pour la plongée sous-marine, celui-ci est pourtant parvenu à immortaliser le monde fascinant qui évolue juste en dessous des vagues de l'océan.

« J'ai grandi en admirant les œuvres de Jacques Cousteau et du premier photographe sous-marin de la National Geographic, Luis Marden », se rappelle David Doubilet. « Dès mon plus jeune âge, je savais exactement ce que je voulais faire dans la vie. À l'âge de neuf ou dix ans, équipé d'un tuba, j'explorais déjà la mer dans les environs de la maison de vacances que possédaient mes parents à Elberon, dans le New Jersey. J'étais également passionné par l'art, et passais beaucoup de temps dans les musées d'art de la ville : la couleur a toujours eu beaucoup d'importance pour moi. »

Pour son douzième anniversaire, il décrocha son brevet de plongeur à la piscine de la YMCA de la 92e Rue. Il passait les longues journées d'été à nager avec son tuba ou à pêcher depuis les jetées d'Elberon qui s'avancent dans l'océan Atlantique comme de longues dents sombres. « Les jours favorables, la visibilité dans l'eau atteignait environ trois mètres, ce qui développa mon désir de photographier les poissons plutôt qu'essayer de les pêcher à tout prix. »

« Mon premier appareil photo sous-marin fut un Brownie Hawkeye. Mon père était médecin, et il me rapporta de l'hôpital un sac en caoutchouc utilisé par les anesthésistes. Je plaçai l'appareil dans ce sac, et collai le viseur contre un masque de plongée. De cette façon, je pouvais manipuler l'appareil enfermé dans le sac et voir à travers l'objectif par l'intermédiaire du masque. Mes premières photos furent un désastre ! »

Mais le jeune David avait attrapé le virus. Son père, qui espérait que son fils emboîterait ses pas et embrasserait une carrière dans la médecine ou dans les sciences, confia son désespoir au professeur d'anglais de David : « la seule chose qui intéresse mon garçon est de nager sous l'eau et de prendre des photos ».

« Eh bien, laissez-le faire », fut la réponse du professeur. L'été suivant, le docteur Henry Doubilet, qui s'était résigné à l'inévitable, emmena son fils sur l'île d'Andros, dans l'archipel

ÎLES CAYMAN, MER DES CARAÏBES

Écorégion 199 des Global 200. La mer et le ciel se confondent derrière ces pastenagues cherchant leur nourriture dans les eaux peu profondes du North Sound, proche de l'île de Grand Cayman *(à gauche)*. Ces mystérieux poissons plats sont souvent attirés près des pêcheurs lorsque ceux-ci rejettent les déchets de leurs prises à la mer. Dans les années 1980, deux plongeurs se mirent à l'eau au milieu des raies, et celles-ci acceptèrent docilement la nourriture qu'ils leur tendaient, prouvant ainsi que leur réputation d'animaux agressifs était injustifiée.

Photo : David Doubilet

des Bahamas. C'est là que David put effectuer ses premières plongées dans une eau vraiment limpide. Le propriétaire de l'école de plongée, Dick Birch, qui avait remarqué son enthousiasme, lui proposa un job pour l'été et lui offrit l'opportunité de réaliser d'autres plongées. À l'âge de 15 ans, David était maître plongeur et il accompagnait les touristes au large de la côte des Bahamas.

Lorsque David Doubilet abandonna son Brownie et le sac de caoutchouc pour de véritables appareils photo sous-marins, il commença à remporter des concours de photographie sous-marine. Il vendit sa première photo alors qu'il n'était pas encore en âge de conduire une voiture et son travail fut présenté lors d'un festival du film sous-marin au Massachusetts Institute of Technology. Il y fit la connaissance de Bates Littlehales, un plongeur qui était également photographe pour la *National Geographic*, et qui l'encouragea à présenter un portfolio de ses œuvres à Robert Gilka, le légendaire directeur du département photographique de la *National Geographic*.

« Gilka jeta un coup d'œil sur mes photos pendant deux minutes, puis, sur le ton bourru qu'on lui connaissait, me déclara qu'elles n'apportaient rien de neuf. Bates pensait que j'étais limité par le manque d'équipement, et je me décidai donc à acquérir d'autres appareils photo. »

Son enthousiasme demeuré intact malgré l'avis négatif émis par Robert Gilka, David Doubilet trouva le moyen de se rendre en Israël, où la *National Geographic* réalisait un reportage consacré à l'étude menée par la biologiste marine Eugénie Clark sur les hétérocongres. Il prit quelques photos superbes qui furent publiées dans l'article. Depuis la publication de 'The Red Sea's Gardens of Eels', en novembre 1972, la National Geographic a publié près de cinquante articles illustrés par les photos de David Doubilet. Il fut envoyé en mission dans les fonds marins du monde entier. Il remporta de nombreuses distinctions, dont notamment le premier prix octroyé par la National Press Photographers Association (NPPA) dans la catégorie nature et sciences pour son travail dans les eaux néo-zélandaises. Au cours des dix dernières années, il obtint plusieurs autres mentions honorables de la NPPA.

Bien qu'il réalise la plupart de ses photographies pour le compte de la *National Geographic*, ses photos et ses articles paraissent également dans les périodiques et les livres du monde entier. Son travail n'est pas dépourvu de risques. Une murène prit un jour sa main pour un calmar et la perfora de ses dents tranchantes comme des lames de rasoir. « Je ressentis comme une décharge électrique », expliqua David Doubilet, et d'ajouter avec son humour flegmatique si typique, « au moins, cela m'avait donné une bonne excuse pour ne pas devoir jouer du banjo quand on me le demandait ». Il a étudié le comportement des requins pour des raisons évidentes. « Vous pouvez les provoquer et aller au-delà de vos propres limites, mais leurs attitudes indiquent clairement quand il est temps de vider les lieux. »

« Le plus difficile quand on fait de la photographie sous-marine », déclare-t-il, « est de communiquer ce que vous ressentez sous l'eau au lieu de simplement présenter le sujet ».

Il se souvient d'une photo remarquable montrant une pastenague (raie venimeuse) glissant sous la surface de l'eau, sur un arrière-plan occupé par les nuages qui semblent flotter sur la surface comme des flocons blancs par une belle journée ensoleillée (p. 38). « Vous avez cette créature étrange et primitive qui a l'air de voler comme un avion entre les nuages, mais le message principal que vous voulez faire passer, un peu à la façon d'un message subliminal, c'est cette pureté extraordinaire de l'eau, qui constitue un des plus précieux cadeaux que nous fait la Terre. »

Le manque de pureté, que ce soit dans les eaux de la Terre ou dans l'esprit de l'homme, l'a perturbé tout au long de sa carrière. « La photographie sous-marine en était à ses tout débuts lorsque j'avais quatorze ou quinze ans », se rappelle David Doubilet. « À cette époque, on ne parlait que de conquérir ce nouveau monde, on ne pensait qu'à chercher comment construire un jour des villes sous l'eau. Aujourd'hui, on a heureusement pris conscience du sort des océans. »

« À l'âge de dix-sept ans, j'obtins un travail comme plongeur pour le laboratoire marin de Sandy Hook, situé à une vingtaine de kilomètres du port de New York où étaient rejetés des déchets contenant du plomb et du zinc, et Dieu sait quoi d'autre. Nous commençâmes à prendre conscience de ce qui se passait dans les chaînes alimentaires et de ce qui arrivait aux populations de poissons vivant près de la côte. »

« J'ai depuis longtemps pris conscience des problèmes liés à la pollution. Mais la surexploitation des poissons est un problème bien plus important. Si quelqu'un vous avait dit il y a dix ou quinze ans que la région des Grand Banks – une des plus importantes concentrations de poissons de l'océan Atlantique – serait un jour fermée à la pêche, vous l'auriez sans doute pris pour un fou. Il suffit, pour se rendre compte de l'étendue du problème, de se rendre sur le marché aux poissons de Tokyo, et voir de quelle façon nous consommons les ressources de la mer. »

« Je pense qu'il est important de révéler aux gens une facette de cette planète qu'ils ne verront sans doute jamais, afin qu'ils se sentent concernés. Je veux montrer au public des chaînes de montagnes plus hautes que n'importe quelle chaîne de montagnes sur la terre ferme, des précipices plus profonds que tous ceux que nous connaissons sur n'importe quel continent. Je veux qu'on réalise que les « fleurs » de la mer sont en réalité des animaux, plus colorés que les fleurs du plus beau des jardins. J'ai photographié des créatures vivant sous la mer dont l'aspect est à ce point extraordinaire que j'en venais à secouer la tête de manière incrédule au moment même où je les fixais au travers de mon objectif : comment de telles merveilles peuvent-elles exister, avec leurs formes incroyables, leurs couleurs resplendissantes, leurs adaptations fascinantes ? »

« Nous avons mis longtemps à découvrir les vraies richesses de la mer. Il y a cinquante ans encore, nous ne voyions dans les océans qu'une étendue plane agitée par les vagues, sans nous douter de la faune, de la flore et des milieux naturels qui se cachent en dessous. Nous devons en apprendre davantage et prendre soin de ces merveilles avant que celles-ci ne disparaissent. En définitive, l'homme lui-même est issu de la mer. La mer est le berceau de la vie sur Terre, pourtant nous ignorons encore beaucoup des êtres qui la peuplent. »

« La surface de l'océan n'est pas un monde en soi : il s'agit d'une porte vers le monde sous-marin. Quiconque a réalisé cela ne regarde plus jamais la mer de la même façon. »

RÉGION DES KEYS, FLORIDE, ÉTATS-UNIS

Écorégion 199 des Global 200. Deux tortues caouannes *(à gauche)* s'accouplent sur le fond de la mer dans la Réserve nationale marine de Key Largo. Le mâle s'agrippe à la carapace de la femelle à l'aide des petites griffes situées à l'extrémité de ses nageoires avant. À quelques centimètres de distance, Mauricio Handler photographie Doubilet en train d'immortaliser la scène à l'aide d'un appareil photo et d'une lampe stroboscopique *(ci-dessus).*

Photos : David Doubilet

ÎLES GALÁPAGOS, ÉQUATEUR: *Écorégion 230 des Global 200*. Un lion de mer juvénile attrape l'un après l'autre les petits poissons d'un banc qu'il a coincé au bord d'un plateau sous-marin au large des Galápagos. Lorsqu'en 1997-1998 le courant El Niño entraîna la raréfaction de leurs proies habituelles, les calmars et les poissons-lanternes, les lions de mer durent se tourner vers ces petits poissons qui en temps normal ne valaient pas l'énergie dépensée à les capturer. Les Galápagos, un long chapelet d'îles et d'îlots volcaniques éparpillés à un millier de kilomètres à l'ouest de l'Amérique du Sud, sont devenues le symbole de la diversité biologique grâce aux nombreuses formes de vie qui s'y sont développées et qui ont inspiré à Darwin sa théorie de l'évolution. Mais aujourd'hui, ces laboratoires vivants de la différenciation des espèces sont également devenus un symbole des perturbations provoquées par l'homme dans le délicat équilibre des écosystèmes fragiles. *Photo : David Doubilet*

« La terre n'appartient pas à l'homme, c'est l'homm

Toutes les choses sont unies, comme le sang unit un

ÎLES GALÁPAGOS, ÉQUATEUR

Écorégion 126 des Global 200. Les volcans qui ont donné naissance aux îles Galápagos ont laissé leurs empreintes sous la forme de cratères sur l'île Isabela *(à gauche)*. L'eau de mer a partiellement rempli ces deux cratères éteints, mais ailleurs sur l'île, l'activité volcanique n'a pas cessé. En arrière-plan se dresse un énorme volcan dont la forme rappelle le bouclier d'un guerrier. Il a été formé par l'accumulation de lave jaillissant depuis les profondeurs de la Terre, et non par une éruption de type violent. Représentants de la faune unique présente sur ces îles, ces iguanes marins – qui peuvent atteindre deux mètres de long – sont les seuls iguanes à s'être adaptés au milieu marin *(ci-dessus)*. Ils se nourrissent en plongée, en absorbant les algues ou en arrachant les lichens accrochés aux rochers sous-marins. Plus haut sur l'île d'Isabela, où le climat est plus frais et où le brouillard permet la croissance d'herbes et de buissons, une tortue géante des Galápagos bâille largement *(pages suivantes)*. La prédation exercée par l'homme et les espèces que celui-ci a introduites sur les îles ont fait chuter les populations de tortues de 250 000 à moins de 20 000. L'archipel tire son nom de l'appellation espagnole des tortues, Galápagos. Pouvant peser jusqu'à près de 300 kilos, les tortues géantes servirent de garde-manger vivants pour les marins du XVIIe au XIXe siècle, qui s'étaient rendu compte que ces reptiles pouvaient être gardés sans manger dans les cales de leurs navires pendant toute une année.

Photos : Frans Lanting

ÎLES GALÁPAGOS, ÉQUATEUR

Écorégion 126 des Global 200. On doit la diversité des écorégions présentes sur l'archipel des Galápagos au climat et à l'influence qu'exerce sur celui-ci le courant froid de Humboldt provenant directement de l'Antarctique. Sur l'île Isabela, une forêt sèche de Palos Santos grimpe à l'assaut du flanc d'un volcan qui est souvent noyé dans le brouillard et voit même s'abattre une averse occasionnelle *(à gauche)*. Plus bas sur l'île, où les conditions sont plus arides, les arbres sont remplacés par les cactus *(ci-dessus)*. Les chèvres, les chiens, les chats et les rats introduits par les marins et les colons mettent en péril la survie des espèces endémiques sur ces îles arides, en exerçant une prédation sur ces espèces ou en entrant en compétition avec elles pour les ressources en nourriture. 14 000 personnes résident en permanence sur l'archipel. La pêche excessive et illégale au large menace les espèces vivant hors de l'océan mais qui dépendent des ressources de celui-ci pour leur survie. A l'heure actuelle, les touristes et les scientifiques peuvent encore continuer à s'émerveiller devant la diversité de ces formes de vie fascinantes.

Photos : Frans Lanting

ÎLES GALÁPAGOS, ÉQUATEUR

Écorégion 230 des Global 200. Un iguane de mer *(à gauche)* quitte les rochers de l'île Hood pour prendre un bain rafraîchissant et peut-être une bonne collation. Deux congénères s'interrogent sur l'opportunité de le rejoindre. Afin de maintenir la température de leur corps, ces reptiles à sang froid doivent alterner les séjours dans l'eau avec les bains de soleil sur les rochers de basalte noir qui absorbent la chaleur solaire. Les pattes d'un fou à pieds bleus sont aussi bleues que la mer *(ci-dessus)*. Ces oiseaux pélagiques fréquentent les îles et le continent sud-américain. Parmi les innombrables oiseaux, l'on recense treize espèces de pinsons qui diffèrent par la forme du bec et les modes d'alimentation, mais qui descendent toutes d'un ancêtre commun. Darwin avait observé les adaptations spécifiques à chaque espèce de pinson des Galápagos lors de sa visite en 1835, ce qui l'aida à formuler sa théorie sur l'évolution.

Photos : Galen Rowell

ÎLES GALÁPAGOS, ÉQUATEUR : *Écorégion 230 des Global 200*. Coexistence pacifique entre adorateurs du soleil *(ci-dessus)*. Un jeune lion de mer s'appuie confortablement sur les jambes d'un guide-nature. En l'absence de tout prédateur terrestre depuis des millions d'années, les animaux des Galápagos ne manifestent pratiquement aucune crainte envers les humains. Le gouvernement de l'Équateur a réussi à protéger ces animaux particulièrement confiants et contribue à préserver l'écosystème, notamment en exigeant que tous les visiteurs se rendant dans les espaces protégés des îles soient accompagnés d'un guide officiel. La majeure partie des quelque 7500 km² de l'archipel ont été élevés au rang de parc national en 1959, année qui coïncidait avec l'anniversaire du centenaire de la publication de l'œuvre de Darwin, *De l'Origine des Espèces*. Une grande frégate, un autre habitant des Galápagos *(en haut à droite)*, gonfle son sac nuptial afin d'attirer les femelles vers son petit territoire. Un crabe des rochers avance du mieux qu'il peut sur la lave vieille de milliers d'années, mais qui semble dater d'hier *(à droite)*. *Photos : Frans Lanting*

PÉROU SEPTENTRIONAL

Écorégion 12 des Global 200. Une averse tropicale déferle sur la forêt pluviale de basse altitude qui s'étend le long de la rivière Tambopata *(pages précédentes)*, dont l'extraordinaire diversité botanique constitue le support de la richesse en espèces. Situés au pied des Andes, les quelque 125 000 hectares de la forêt de Tambopata ont été préservés du développement qui a dévasté les forêts aux alentours. Égayant les rives de leurs couleurs étincelantes, une troupe d'aras ingurgite de l'argile *(à gauche)*. Les scientifiques s'interrogent toujours au sujet de cette habitude : il est possible que les oiseaux trouvent dans l'argile les minéraux dont ils ont besoin, ou que l'argile permet de neutraliser l'action toxique de certaines graines qu'ils consomment. Tout comme d'autres espèces de perroquets plus petits, leur menu comprend les fleurs éclatantes de l'érythrine *(ci-dessus)*. Les captures pour alimenter le commerce des animaux de compagnie ont menacé les aras, les plus grands des perroquets, jusqu'à ce que des lois rendent cette pratique illégale. Les tribus locales vivant dans la région de la rivière Tambopata ont depuis toujours chassé les aras, qui peuvent atteindre un mètre de long, afin de s'en nourrir. Le Pérou, qui a fait de cette région un parc national, tente à présent de transformer les chasseurs en guides pour les touristes.

Photos : Frans Lanting

CORDILLÈRE BLANCHE, PÉROU

Écorégion 106 des Global 200. Dans les hautes terres des Andes, là où le climat est plus sec, une famille guide ses alpacas en passant devant une superbe *puya raymondi (à gauche)*, la plus grande broméliacée au monde (les broméliacées sont des plantes qui absorbent la majeure partie de leur nourriture et de l'eau dont elles ont besoin dans l'air et non dans le sol). Cette plante, qui emmagasine l'eau, peut atteindre une hauteur de 10 à 12 mètres ; on la trouve à des altitudes d'environ 3 000 mètres dans la cordillère des Andes. Un colibri géant *(à droite)*, véritable hercule parmi les colibris et dont la taille dépasse celle d'un moineau, a l'air minuscule à côté des fleurs dans lesquelles il va puiser le nectar dont il se nourrit.

Photos : Galen Rowell

La Patagonie, Amérique du Sud

C'est le vent qui vous accompagne en permanence en Patagonie, là où les célèbres tempêtes qui balaient les latitudes connues sous le nom de Cinquantièmes Rugissants déferlent dans toute leur puissance sur la pointe de l'Amérique du Sud. Le vent, qui donne leurs formes à toutes les choses, les courbes des rochers, les convulsions des troncs d'arbres. Et il suffit de subir pendant quelques jours seulement ses assauts glacés pour qu'il vous transforme vous aussi.

Dans cette région, les montagnes semblent véritablement émerger des terres environnantes à un point rarement atteint en d'autres endroits de la Terre. Le Mont FitzRoy, ainsi nommé en mémoire du capitaine du Beagle, le bateau qui amena Darwin dans ces parages en 1834, culmine à plus de 3300 mètres au-dessus d'une plaine aride. Je me réveillai un matin, alors que j'en étais distant de près de quatre-vingts

---

PATAGONIE, CHILI : *Écorégion 100 des Global 200*. Les guanacos *(à gauche)*, parents sauvages des lamas et des dromadaires, broutent en face des Torres del Paine, dans le parc national auquel ces tours de granite ont donné leur nom. Ces animaux au pied sûr évoluent gracieusement sur un terrain accidenté qui a été sculpté par les forces tectoniques, les glaciers et les ouragans. Les groupes familiaux sont généralement dirigés par un seul mâle adulte, qui règne sur une demi-douzaine de femelles et qui chasse les jeunes dès que ceux-ci atteignent l'âge d'un an. Les mâles rejoignent alors un groupe de célibataires, tandis que les femelles se joignent à un autre groupe familial. *Photo : Galen Rowell*

PATAGONIE, CHILI : *Écorégion 100 des Global 200*. Le soleil levant caresse les Cuernos del Paine *(ci-dessous)*. Des particules de limon d'origine glaciaire donnent aux eaux du lac Pehoe leur teinte turquoise vive. Les pics dont les formes rappellent des cornes ont été sculptés par la lente action des glaciers issus d'une énorme calotte de glace et qui ont érodé le granite en descendant lentement les vallées. Un majestueux condor des Andes *(à droite)* en pleine force de l'âge plane entre les cimes. Ce rapace nécrophage qui peut dépasser les dix kilos profite des courants thermiques pour voler, n'utilisant ses ailes que pour prendre son envol ou se poser. *Photos : Galen Rowell*

kilomètres, pour voir cette véritable tour teintée de vermeil par le soleil levant : une vision magique.

Des animaux et des plantes bizarres augmentent encore l'impression surnaturelle que vous laisse cet étrange pays. Les guanacos, les ancêtres des lamas, semblent flotter parmi les buissons épineux, leurs longs cous gracieusement suspendus dans l'air. Les nandous, proches parents des autruches, semblent rebondir sur leurs hautes pattes, tandis que des condors cerclent haut dans le ciel.

La Patagonie n'est ni une nation ni un État : c'est ainsi qu'on appelle la région géographique qui s'étend à cheval sur l'Argentine et le Chili, là où le continent américain disparaît dans la fureur des vents, des glaces et des roches. Ses montagnes monolithiques se dressent sur le sol dénudé par les vents, où évoluent des créatures surprenantes. C'est le pays des grands ranches à moutons et des parcs nationaux. La Patagonie est réputée pour subir un climat parmi les plus rudes de la planète.

Durant notre ascension du FitzRoy glacé, mes compagnons et moi durent à plusieurs reprises battre en retraite sous les assauts d'un vent qui devait bien dépasser les deux cents kilomètres à l'heure, et qui fit disparaître une partie de notre équipement que nous pensions pourtant avoir soigneusement mis à l'abri. Mais la vue du sommet au lever du jour restera à jamais gravée dans ma mémoire. Vers l'ouest, les glaciers du continent s'étendaient jusqu'à l'horizon distant de plus de trois cents kilomètres. A l'est, la pampa dépourvue d'arbres semblait infinie. Pas très loin de nous s'élevaient les pics déchiquetés du Cerro Tore, ainsi qu'un grand lac nommé Viedma, alimenté par le bras d'un glacier qui donne naissance aux icebergs qui flottent sur ses eaux.

Ce pays est un défi pour tout visiteur ; cependant, comme les étendues sauvages ne cessent de diminuer sur la planète, un nombre toujours plus élevé de personnes viennent en Patagonie pour s'imprégner de ses paysages uniques. A chacune de mes visites, j'ai été reconnaissant à la Patagonie de m'avoir offert ses somptueux paysages.

PATAGONIE, CHILI

Écorégion 100 des Global 200. Le feu et la glace semblent se confondre alors que la lumière du soleil levant baigne le Cerro Torre et les pics environnants *(à gauche)*. Derrière ses sommets on aperçoit la grande calotte glaciaire de la Patagonie, dont l'univers bleuté s'étend sur près de 300 kilomètres. Cette photographie d'un lever de soleil prise au pied du FitzRoy *(ci-dessus)* met en évidence deux effets des vents violents qui déferlent sur la Patagonie : les formes tourmentées d'un hêtre austral et les nuages de haute altitude en forme de lentilles qui annoncent l'approche d'une tempête.

Photos : Galen Rowell

« Un homme isolé dans la forêt se retrouve face à face avec la Création : il devrait d'abord comprendre qu'il en fait partie. »

– WENDELL BERRY

PATAGONIE, CHILI

Écorégion 77 des Global 200. L'alerce, une espèce menacée appartenant à la famille des cèdres et des séquoias, peut vivre plus de 3000 ans *(à gauche)*. L'alerce était jadis bien plus répandu, mais ces arbres gigantesques ne se trouvent plus que dans quelques forêts isolées à l'heure actuelle. Autre espèce très ancienne, cet araucaria *(en haut)* a été photographié sur un versant du volcan Villarica. Parfois appelé « désespoir des singes », l'araucaria est l'ancêtre de tous les pins. Généralement dénudée et austère, la Patagonie se métamorphose en forêt pluviale tempérée au sud du Chili. Cette rivière traverse le Parc naturel de Pumalin *(ci-dessus)*. Le parc abrite quelque 3800 km^2 de forêt pluviale tempérée, qui furent offerts à l'État chilien en 1997 par l'écologiste Doug Tompkins. Celui-ci avait acquis ce grand morceau de forêt, depuis le fjord Renihue jusqu'à la frontière argentine, afin de le mettre à l'abri de l'exploitation forestière.

Photos : Galen Rowell

PANTANAL, BRÉSIL

La jungle dense et drapée de brume borde la rivière de part et d'autre. Je me laisse doucement emporter par le courant. Au détour d'un méandre, la végétation s'ouvre soudainement pour me faire découvrir un dortoir d'échassiers qui s'envolent dans toutes les directions en poussant des cris rauques. Les caïmans vautrés sur un banc de sable semblent sourire : ils patientent en attendant qu'un malheureux oisillon tombe du nid et leur fournisse leur repas. Encore quelques mètres, et la forêt cède la place à une grande savane ouverte où de nombreux capybaras, le plus grand rongeur au monde, sont occupés à brouter.

Le Pantanal m'enchante à chaque fois par la variété de ses paysages. Cette région peu connue du Brésil est devenue le refuge de bon nombre d'espèces qui se raréfient ailleurs. Les loutres géantes s'ébattent dans les rivières, et le jaguar est toujours le maître de la nuit. De grands groupes d'aras hyacinthe, un perroquet gravement menacé, survolent la forêt et les marais qui abritent la plus importante concentration de crocodiliens au monde.

PANTANAL, BRÉSIL : *Écorégion 103 des Global 200.* Au cœur de l'Amérique du Sud, la rivière Paraguay offre l'image sereine d'un milieu aquatique en équilibre. Mais la fumée des incendies déclenchés par les agriculteurs dans les terres désertifiées des alentours envahit l'air *(à gauche)*. Pendant la moitié de l'année, des pluies torrentielles submergent les prairies planes qui nourrissent toute une faune adaptée à cette alternance d'humidité et de sécheresse. *Photo : Frans Lanting*

Le Pantanal, la plus grande zone humide de la planète, bat tel un cœur géant au milieu de l'Amérique du Sud. Six mois par an, des pluies diluviennes s'abattent et charrient les nutriments provenant d'un bassin plus grand que l'Uruguay. Le Pantanal agit comme une éponge qui absorbe les eaux avant de les libérer progressivement, évitant de la sorte tout risque d'inondation en aval. Pendant la saison des pluies, les fourmiliers, les jaguars, les tatous et les nandous (des oiseaux aptères) cherchent refuge sur les terres les plus élevées, qui ont échappé à l'inondation. Les poissons, eux, quittent les rivières pour aller se nourrir dans les prairies inondées : ils constituent la nourriture de base de milliers de cigognes, d'aigrettes et de hérons. Les oiseaux migrateurs, dont certains viennent d'aussi loin que le Canada, se joignent aux canards locaux pour former des groupes immenses.

Puis, lorsque les pluies cessent, les rivières retournent progressivement dans leur lit, et les eaux, qui ont déposé toutes les substances nutritives qu'elles avaient apportées avec elles, s'écoulent lentement hors du Pantanal. Une végétation herbacée luxuriante couvre la savane ouverte et fournit une nourriture copieuse pour les animaux. Les oiseaux aquatiques et les animaux inféodés aux milieux humides se retranchent dans les mares isolées.

Il est capital de ne pas perturber ce rythme annuel. Or, le projet Hidrovia, qui prévoit la réalisation d'un canal reliant le Paraguay à la région du Paraná, et qui traverserait le Pantanal, aurait des conséquences désastreuses pour cet éden de la faune sauvage. Les efforts consentis par les fermiers et les propriétaires de ranches d'élevage du bétail ont permis de réduire considérablement le braconnage : les ocelots et les jaguars, jadis décimés, reviennent en force. Plus important encore, un nombre toujours plus important de Brésiliens se soucient aujourd'hui de la conservation du Pantanal. On peut donc se permettre d'être optimiste : les caïmans ont peut-être de bonnes raisons de sourire...

PANTANAL, BRÉSIL : *Écorégion 103 des Global 200.* Lorsque les pluies cessent et mettent fin aux inondations, l'eau se retranche dans des mares isolées *(à gauche)*. Les poissons, qui avaient quitté les rivières pour se répandre dans les prairies inondées, trouvent un refuge provisoire dans ces mares, où ils sont à la merci des échassiers comme cette grande aigrette *(ci-dessous)*, qui arbore son plumage nuptial au printemps. Les mouvements annuels des eaux dans le Pantanal en font une région de prédilection pour les oiseaux aquatiques au Brésil, et attirent les migrateurs venus parfois d'aussi loin que l'Amérique du Nord. *Photos : Frans Lanting*

PANTANAL, BRÉSIL

Écorégion 103 des Global 200. Un tamandua *(à gauche)*, le plus petit des deux fourmiliers vivant dans le Pantanal, se dresse en position de défense. Le tamandua n'atteint qu'environ soixante centimètres de hauteur ; il possède cependant des griffes puissantes, qui lui servent d'ordinaire à éventrer les termitières, mais qui s'avèrent des armes redoutables contre ses assaillants. Les fourmiliers des deux espèces utilisent leur longue langue visqueuse pour capturer les fourmis et les termites dans leurs galeries. Le capybara *(ci-dessus)*, le plus grand rongeur du monde, peut atteindre un poids de cinquante kilos. Cet animal semi-aquatique se nourrit dans les prairies qui bordent les rivières, mais se réfugie dans l'eau en cas de danger. Les palmures dont sont munies ses pattes font de ce mammifère un excellent nageur, qui peut demeurer sous l'eau plusieurs minutes. Un caïman, un autre habitant des marais et des rivières, émerge d'une mare *(pages suivantes)*. Les populations de caïmans avaient été sérieusement malmenées en raison de la chasse illégale pour leur peau, jusqu'à ce qu'une réglementation rigoureuse ne réduise enfin cette pratique. Aujourd'hui, les populations se reconstituent : quelque dix millions de caïmans, la plus forte concentration de crocodiliens au monde, vivent à nouveau dans le Pantanal.

Photos : Frans Lanting

PANTANAL, BRÉSIL

Écorégion 103 des Global 200. Lorsque l'eau se retire des plaines pendant la saison sèche, les échassiers, comme les aigrettes et les tantales d'Amérique, se rassemblent autour de petites mares *(ci-dessus)* pour profiter des petits poissons et des amphibiens qui s'y sont réfugiés. Des fleurs de nénuphar d'un diamètre de plus d'un mètre se développent le long des berges de la rivière Paraguay *(à droite)*. Certaines feuilles sont assez grandes pour supporter le poids d'un petit enfant.

Photos : Frans Lanting

FORÊT ATLANTIQUE, BRÉSIL

Écorégion 13 des Global 200. Contrairement aux étendues planes de l'intérieur, les forêts atlantiques du Brésil *(pages précédentes)* s'étagent entre 200 et 1500 mètres. Les différences d'altitude créent une multitude de niches écologiques, qui abritent des millions d'espèces différentes. Rois de la canopée, ces muriquis s'ébattent dans la forêt atlantique *(à gauche)*. Les muriquis, qui appartiennent à la famille des singes-araignées, les plus grands primates du Nouveau Monde, vivent dans un habitat naturel particulièrement menacé : seuls cinq pour cent des denses forêts qui existaient dans la région lorsque les Européens y débarquèrent au début du XVIe siècle subsistent à l'heure actuelle. Le reste a cédé la place à l'agriculture et au développement. Le tamarin lion, un autre primate forestier de plus petite taille, a vu ses populations réduites à un millier d'individus tout au plus suite au braconnage destiné à alimenter le commerce des fourrures et des animaux de compagnie. Il y a quelques dizaines d'années, le nombre de tamarins vivant en captivité était plus élevé que celui d'animaux vivant dans la nature. Cette espèce très rare a heureusement bénéficié d'un programme d'élevage en captivité initié par un consortium de jardins zoologiques et d'organisations pour la conservation de la nature, et a fait l'objet de réintroductions dans la forêt atlantique brésilienne.

Photos : Frans Lanting

IGUAÇU, BRÉSIL : *Écorégion 13 des Global 200.* Pareil à un grondement de tonnerre, le bruit de l'eau qui se précipite du haut des chutes d'Iguaçu *(à droite)* s'entend à des kilomètres à la ronde. Les chutes d'Iguaçu sont les plus grandes au monde : sur une largeur de près de quatre kilomètres, plus d'une vingtaine de cataractes, séparées par des rochers et des îlots couverts d'arbres, plongent du sommet de falaises hautes en moyenne d'une soixantaine de mètres. Les chutes sont l'attraction majeure du grand Parc national d'Iguaçu, qui s'étend sur quelque 2000 km^2 et protège un des plus importants vestiges de la forêt atlantique au Brésil ; parmi les habitants du parc figure le toucan à bec vert *(ci-dessus)*. Les prises de vues rapprochées réalisées dans la végétation dense de la forêt *(pages suivantes)* révèlent quelques-unes des merveilles de ce milieu naturel en danger : une plante dont les dessins font apparaître des feuilles sur les feuilles, ou encore une des nombreuses espèces d'orchidées qui agrémentent la forêt. *Photos : Frans Lanting*

CÔTE DE BELIZE : *Écorégion 197 des Global 200*. Des îlots couverts de mangrove sont éparpillés sur les eaux chaudes de la mer des Caraïbes, en Amérique centrale, là où la mer et le ciel semblent se confondre *(pages précédentes)*. *Photo : Frans Lanting*

CÔTE DE BELIZE : *Écorégion 197 des Global 200.* Sous la surface de l'eau, les ascidies fixées sur un bras d'une éponge *(à gauche)* filtrent les particules alimentaires à la dérive ; ces organismes se fixent sur leur hôte dès le stade larvaire. Un gobie à museau barré *(ci-dessus)* évolue au-dessus de la « forêt » de bouches ouvertes des coraux durs qui capturent les petites particules de plancton. En échange d'un abri sûr, le petit poisson élimine les déchets qui se sont déposés entre les polypes. Profitant d'un meilleur abri encore, un gobie à proue jaune a trouvé refuge dans une éponge tubulaire *(ci-dessus)*. *Photos : David Doubilet*

MICHOACÁN, MEXIQUE

Écorégion 83 des Global 200. Des nuées de papillons monarques *(à gauche)*, qui ont émigré pour échapper au glacial hiver nord-américain, tapissent les troncs et les branches des pins oyamels. Il arrive que des branches se rompent sous le poids des papillons. Chaque automne, c'est par millions que ces papillons migrateurs parcourent les milliers de kilomètres qui séparent l'est des États-Unis et du Canada des massifs montagneux du Mexique central où ils hivernent dans un état de semi-léthargie entre 2100 et 2700 m d'altitude *(ci-dessus)*. La chaleur du soleil printanier est pour eux le signal du retour vers le nord.

Photos : Frans Lanting

SIERRA MADRE ORIENTALE, MEXIQUE

Écorégions 83 et 124 des Global 200. Les trouées que les bûcherons ont pratiquées dans les forêts de conifères *(à gauche)* pourraient affecter les monarques. Ces papillons migrateurs à la livrée orange et noir si familière aux Américains du nord hivernent en effet dans ces forêts d'altitude, et survivent mieux au froid lorsque la canopée est demeurée intacte. Dans les basses terres arides, un agave étend ses feuilles grasses sur un tapis de jojobas *(ci-dessus)*.

Photos : Frans Lanting

BASSE-CALIFORNIE, MEXIQUE

Écorégion 124 des Global 200. Les grandes dunes de sable austères de la péninsule de Basse-Californie *(à gauche)* s'étendent derrière les plages bordant des lagons qui constituent d'importants sites de reproduction des baleines grises. Ces géants des mers, venus de la mer de Béring, se rassemblent dans quelques baies protégées, comme la baie Magdalena (que l'on peut apercevoir dans le coin supérieur droit de la photo), pour s'accoupler et mettre bas.

Photo : Galen Rowell

EVERGLADES, FLORIDE, ÉTATS-UNIS

Écorégions 102 et 84 des Global 200. À l'autre extrémité de l'Amérique du Nord par rapport à la Basse-Californie, les Everglades constituent une importante zone de reproduction pour une multitude de petits organismes marins et pour les oiseaux. Le soleil couchant se reflète dans les eaux du lac de Pine Glades, dans le Parc national des Everglades. Ce grand parc national fait partie de l'immense plaine qui couvre la majeure partie de la péninsule de Floride, et que traversent lentement les eaux avant de rejoindre la mer. Des roches sous-jacentes situées sous le fond du lac permettent à celui-ci de rester sous eau tout au long de l'année, mais les grandes prairies à cladions qui couvrent une bonne partie des Everglades sont tantôt inondées, tantôt asséchées. Le soleil qui troue la brume matinale sur un promontoire à sec de la key de Lone Pine *(page suivante)* semble embraser les pins et la végétation luxuriante qui se développe au pied de ceux-ci.

Photos : Galen Rowell

« Les Everglades sont et ont toujours été une des régions les plus exceptionnelles de la Terre, un univers isolé, dont on ne connaîtra jamais toutes les facettes » – MARJORIE STONEMAN DOUGLAS

EVERGLADES, FLORIDE, ÉTATS-UNIS

Écorégion 102 des Global 200. Présentant le long cou qui lui a valu le surnom d'« oiseau-serpent », un anhinga d'Amérique *(à gauche)* se sèche les ailes au soleil. Espèce abondante dans les Everglades, cet oiseau écarte les plumes lorsqu'il se trouve sous l'eau afin d'en chasser l'air et d'évoluer plus facilement à la recherche des poissons qu'il capture sous la surface. Les cyprès chauves comptent parmi les seuls arbres en mesure de prendre racine dans les terres gorgées d'eau de la région du parc connue sous le nom de Pa-hay-okee *(en haut)*. Cette tortue aquatique (pseudémyde à ventre rouge) semble en bien mauvaise posture à l'arrivée d'un alligator ; mais heureusement pour elle, le prédateur passa son chemin sans y prêter attention.

Photos : Galen Rowell

EVERGLADES, FLORIDE, ÉTATS-UNIS

Écorégion 102 des Global 200. Seuls la tête et le long cou de cette aigrette tricolore *(à gauche)* émergent de la prairie à cladions, l'habitat le plus répandu dans les Everglades. Pendant la saison des pluies, l'herbe disparaît presque entièrement sous l'eau qui s'écoule lentement. Les Everglades abritent une diversité biologique qui ne trouve pour ainsi dire pas d'équivalent aux États-Unis : cette exceptionnelle zone humide est cependant menacée par la pollution agricole et par les captages opérés pour les grandes zones urbaines de Floride. Tant le gouvernement fédéral que l'État de Floride s'efforcent de restaurer l'équilibre naturel des Everglades. Un puma de Floride guette les environs depuis sa cachette *(ci-dessus)* : un des mammifères les plus menacés d'Amérique du Nord, ce grand félin est un animal farouche qui recherche les fourrés denses où il passe inaperçu.

Photos : Galen Rowell

UN ESSAI DE DAVID DOUBILET

La mer des Caraïbes

Il s'agit d'une mer accueillante aux couleurs douces, rappelant davantage une toile de Monet qu'un Jackson Pollock. J'avais effectué mes premières véritables plongées dans la mer des Caraïbes, et retrouver sa chaleureuse étreinte me donnait l'impression de revoir un vieil ami.

Plonger dans les récifs de corail des mers tropicales, c'est un peu comme se frayer un chemin dans une jungle, mais, dans la mer des Caraïbes, il s'agit plutôt d'une simple promenade à travers un jardin accueillant. La mer des Caraïbes est une petite mer isolée des autres mers chaudes du monde par l'isthme de Panamá à l'ouest et limitée à l'est par l'Atlantique nord et sud.

C'est un monde plein de douceur, hospitalier, d'une grande beauté et dont l'eau superbe est le plus souvent aussi pure que le cristal. Comparer la mer des Caraïbes aux autres mers chaudes, c'est un peu comparer la Grande Prairie d'Amérique du Nord aux savanes africaines : il s'agit d'une zone beaucoup plus accessible à

KEYS DE FLORIDE, ÉTATS-UNIS : *Écorégions 102 et 199 des Global 200.* Les eaux des Everglades s'écoulent lentement et rejoignent finalement la baie de Floride et la partie septentrionale de la mer des Caraïbes *(à gauche)*. De petits îlots couverts de mangrove sont éparpillés sur les milliers de kilomètres carrés situés entre les keys de Floride et la Floride continentale, une région localement connue sous le nom de 'back country'. Les hauts-fonds servent de frayères pour de nombreuses espèces de poissons, de zones de reproduction pour les mérous et de sites de nourrissage pour tarpons et les bonites. La pollution provenant des zones urbaines des côtes de Floride menace la vie marine. *Photo : David Doubilet*

l'homme. Tout comme on ne doit pas craindre de rencontrer un lion dans la Grande Prairie, on n'a pas à redouter la présence de serpents de mer dans les récifs coralliens de la mer des Caraïbes ni de crocodiles marins le long de ses côtes.

Par rapport aux autres mers chaudes de la planète, la mer des Caraïbes est située assez loin au nord de l'équateur, ce qui explique la présence d'habitants plutôt inhabituels dans ces milieux. Au cours de la dernière ère glaciaire, l'eau de la mer des Caraïbes s'est sensiblement refroidie et a provoqué l'extinction de nombreuses espèces. Comparés aux autres récifs coralliens, les récifs de la mer des Caraïbes étaient trop isolés pour permettre la recolonisation par des espèces qui proliféraient ailleurs dans d'autres mers chaudes. C'est pourquoi la mer des Caraïbes n'accueille qu'environ quatre-vingts espèces de corail contre plus de quatre cents dans d'autres parties du globe, quelque 750 espèces de poissons contre trois à quatre mille dans la région indo-pacifique. Les Caraïbes abritent cependant la plus riche diversité d'éponges.

Étant enclavée, la mer des Caraïbes est beaucoup plus vulnérable et nous devons la traiter avec encore plus d'égards. L'homme a déjà provoqué la disparition du homard et du plus grand mérou, le poisson-juif, dans sa partie occidentale. Si la mer des Caraïbes ne sera sans doute plus longtemps en mesure de satisfaire les besoins alimentaires de tous les hommes qui vivent le long de ses côtes, sa beauté sereine pourrait par contre satisfaire longtemps encore notre besoin d'harmonie.

KEYS DE FLORIDE, ÉTATS-UNIS : *Écorégion 199 des Global 200.* Des grondeurs *(à gauche)* se serrent pour mieux se protéger à l'ombre d'une épave. Un poisson-ange *(ci-dessous)* se laisse docilement curer la bouche et les branchies par un gobie néon, dont il pourrait ne faire qu'une bouchée. Un hippocampe mâle *(à gauche, dessous)* présente son ventre distendu par les jeunes qu'il porte, tout en partant à la recherche d'un support auquel il s'accrochera à l'aide de sa queue. C'est la femelle qui donne naissance aux petits, mais elle « injecte » ceux-ci en introduisant son ovipositeur directement dans l'abdomen du mâle par une ouverture spéciale ; ils y poursuivent leur croissance avant de « naître » une seconde fois. *Photos : David Doubilet*

ÎLES CAYMAN, MER DES CARAÏBES : *Écorégion 199 des Global 200.* Un dense banc d'anthérines obscurcit presque le plongeur s'approchant de l'entrée d'une grotte sous-marine *(ci-dessus)*. Les anthérines vivent en bancs énormes : ces poissons sont la proie d'une multitude d'autres espèces plus grandes. Vues de dessous, ces orphies *(à droite, en haut)* se confondent avec les reflets de la lumière en surface. Rendu presque invisible grâce à ses couleurs, un poisson-lime *(à droite, en bas)* a l'apparence d'un fantôme transparent se confondant à merveille avec son environnement. De couleur sombre durant les premières années de sa vie, ce jeune dauphin tacheté de l'Atlantique ressemblera de plus en plus à sa mère lorsqu'il deviendra adulte *(pages suivantes)*. Pendant la journée, ces deux dauphins socialisent avec d'autres congénères dans les eaux peu profondes du Grand Bank, au large des Bahamas, où ils se nourrissent de poissons plats qu'ils débusquent dans le sable. La nuit venue, ils iront chasser les calmars dans des zones plus profondes. *Photos : David Doubilet*

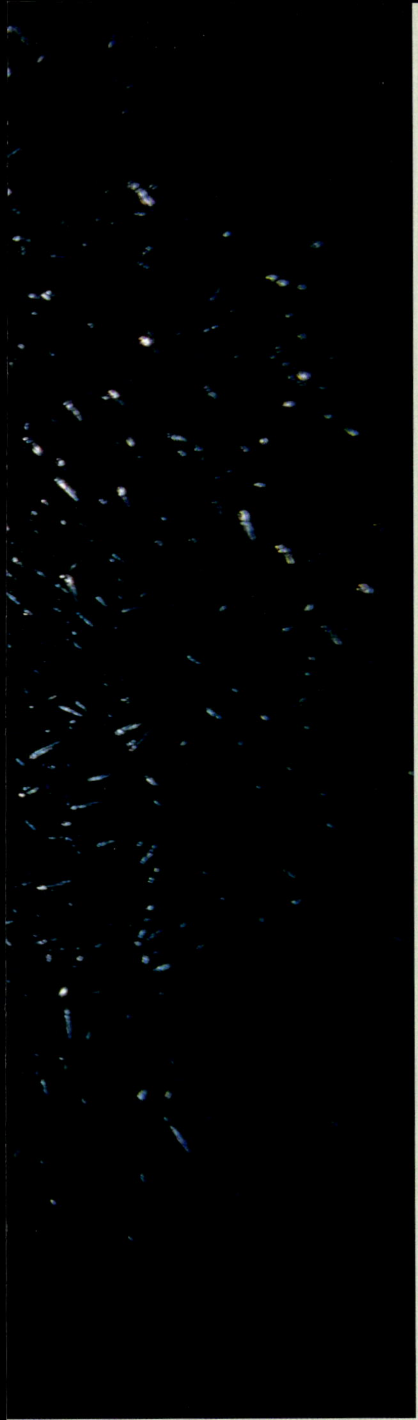

EST DES ÉTATS-UNIS

Écorégions 139 et 218 des Global 200. Une spatule *(à gauche)* nage dans le fleuve Tennessee, la gueule grande ouverte pour laisser entrer l'eau et le plancton. Tout comme bon nombre d'espèces de baleines, ce poisson possède des filtres qui retiennent les particules nutritives alors que l'eau est évacuée par les branchies. La protubérance en forme de palette que possède ce poisson assure sa stabilité dans l'eau pendant qu'il s'alimente. Certaines spatules peuvent atteindre un poids de 150 kilos. Un autre habitant insolite des milieux d'eau douce, l'esturgeon d'eau douce d'Amérique *(ci-dessus)*, parcourt le fleuve St-Laurent, né aux États-Unis et qui finit sa course au Canada. Ce poisson se nourrit sur le fond du fleuve, où il recherche des crustacés et d'autres invertébrés, parmi lesquels les moules rayées, une espèce introduite qui envahit actuellement les fleuves et les rivières d'Amérique du Nord. La majorité des vingt-six espèces d'esturgeons du monde sont gravement menacées par la pêche intensive destinée au commerce du caviar et par la construction de barrages qui altèrent la dynamique des rivières.

Photos : David Doubilet

EST DES ÉTATS-UNIS

Écorégions 139 et 64 des Global 200. L'automne projette ses couleurs sur les arbres le long d'un torrent dans les montagnes de la Caroline du Nord *(à gauche)*. Lorsque les journées raccourcissent dans les Blue Ridge Mountains *(ci-dessus)*, les chênes et les érables se colorent de pourpre et d'or. Les premiers colons avaient nommé ces montagnes (« les montagnes bleues ») d'après la brume bleuâtre provoquée par les effluves de la térébenthine qui se dégage naturellement des arbres. La brume bleuâtre d'aujourd'hui est principalement causée par les gaz d'échappement des voitures. La pollution menace les forêts de l'est des États-Unis.

Photos : Galen Rowell

« La beauté était partout, en haut, au-delà, créée et en création permanente. »

– JOHN MUIR

CALIFORNIE CENTRALE, ÉTATS-UNIS

Écorégion 75 des Global 200. Un lever de soleil paisible sur la rivière Merced qui coule dans la Yosemite Valley au pied d'El Capitan *(à gauche)*, l'une des plus grandes parois granitiques au monde. Le drainage des zones humides et l'édification de ponts au profit des millions de visiteurs qui se rendent chaque année dans le parc national ont favorisé la colonisation des rives par les arbres et altéré la dynamique de la rivière. Aujourd'hui, on peut voir le coyote *(en haut)* chasser dans les prairies qui se sont développées le long de la rivière, mais un plan fédéral devrait bientôt restaurer le visage naturel de la plus grande partie de la vallée. La majeure partie des quelque 3000 km^2 du parc ont été désignés comme zone naturelle *(Wilderness Area)* par les autorités fédérales. Prenant sa source dans les montagnes de Yosemite, la rivière Tuolumne *(ci-dessus)* jouit également d'un statut de protection. À l'est de Yosemite, les lumières de la fin d'après-midi éclairent des goélands de Californie *(pages suivantes)* qui survolent le lac Mono, un lac saumâtre. Le détournement du cours de plusieurs rivières afin d'alimenter la lointaine mégalopole de Los Angeles a provoqué l'abaissement du niveau du lac, ce qui a permis aux prédateurs d'atteindre les îles sur lesquelles se reproduisent les oiseaux, et de piller les œufs et les oisillons dans les nids. Il fallut une action en justice pour arriver à restaurer partiellement le niveau du lac et à assurer la protection des goélands de Californie.

Photos : Galen Rowell

« C'est le mouvement des vagues qui a donné à la vie sa direction originelle. Ce mouvement est inscrit dans chacune de nos cellules. »

– ED RICKETTS

NORD DE LA CALIFORNIE, ÉTATS-UNIS

Écorégion 227 des Global 200. La rencontre de la mer et de la terre est toujours synonyme d'action. Le long de la côte sauvage de Big Sur, en Californie *(à gauche)*, les vagues et les rochers se livrent une lutte incessante, dans de grandes gerbes d'écume et de mousse. Un vol de tourne-pierres à collier *(en haut)*, ainsi nommés d'après leur habitude de retourner les pierres à la recherche de petites proies, emplit les airs au-dessus de la plage. Un bécasseau variable *(ci-dessus)* en quête d'invertébrés dans l'eau peu profonde des vasières d'Elkhorn.

Photos : Frans Lanting

MONTEREY, CALIFORNIE, ÉTATS-UNIS : *Écorégion 227 des Global 200.* Un phoque commun *(ci-dessus)* vient jeter un coup d'œil au photographe dans une forêt de varechs. Les phoques communs sont probablement les pinnipèdes les plus amicaux et sont souvent attirés par les plongeurs. Une murène verte géante du Pacifique *(à droite, en haut)* autorise les crevettes de roche à nettoyer les impuretés qui pourraient provoquer des infections dans les nombreuses égratignures de sa peau rugueuse. La remontée d'eau riche en nutriments provenant de fosses abyssales à peu de distance de la côte californienne est à la base de la chaîne alimentaire élaborée qui caractérise la mer dans cette région. Un plongeur s'aventure entre les tiges ondulantes du varech *(à droite, en bas)*. Le varech est probablement la plus spectaculaire des algues marines : elle peut atteindre une hauteur de plus de soixante mètres. *Photos : David Doubilet*

NORD DE LA CALIFORNIE, ÉTATS-UNIS : *Écorégion 227 des Global 200.* Aussi gracieux en vol que maladroit à l'amerrissage, ce pélican brun *(pages suivantes)* effleure la surface de l'eau dans le Parc aquatique de Berkeley, à proximité de San Francisco, un site où se rassemblent par milliers les oiseaux marins pendant l'automne et l'hiver. Le pélican brun est toujours considéré officiellement comme une espèce menacée sur la côte ouest des États-Unis, tandis que les populations de la côte atlantique, de la Floride et de l'Alabama ont été retirées de la liste des espèces en danger. *Photo : Galen Rowell*

UN ESSAI DE GALEN ROWELL

KLAMATH-SISKIYOU, NORD-OUEST DES ÉTATS-UNIS

Voir de braves touristes muets d'admiration n'est certes pas courant. J'ai pourtant assisté à une telle scène un matin dans la forêt de Klamath-Siskiyou qui s'étend à la fois en Californie et en Oregon. Tout comme moi, un groupe de touristes avançait dans un silence solennel le long d'un chemin bien marqué qui serpente entre les séquoias géants. Les arbres gigantesques nous dominaient tels les piliers d'une cathédrale, tandis que des rhododendrons éclataient dans toute la splendeur de leurs bouquets roses à travers le brouillard venu de la côte toute proche et qui enveloppait les alentours, créant des silhouettes fantomatiques. Une impression magique nous envahissait, comme un sentiment surgi des premiers âges de la Création.

Plus tard dans cette même journée, j'explorais les hauteurs sauvages qui s'étendent, loin de toute route, à l'intérieur des terres. Dans cette région protégée des pluies par les montagnes côtières, l'aridité et l'altitude ont donné naissance à un milieu où les arbres se font plus rares. Du haut d'une prairie d'altitude, je pouvais contempler la succession de collines couvertes d'un tapis ininterrompu de forêt, et je ne pouvais m'empêcher de me croire dans une zone inexplorée, à une autre époque. Mais un rien plus loin cependant, une série de coupes à blanc, blessures béantes dans ce paysage vivant, donnaient à la forêt l'aspect d'un jeu

NORD DE LA CALIFORNIE, ÉTATS-UNIS : *Écorégion 74 des Global 200.* Dans un climat caractérisé par des brouillards fréquents, les rhododendrons *(à gauche)* prospèrent au pied des arbres géants qui peuplent le Del Norte Redwoods State Park, qui fait partie de la forêt de Klamath-Siskiyou. *Photo : Galen Rowell*

d'échecs géant. En une seule journée, la forêt de Klamath-Siskiyou m'avait offert deux visages bien distincts, qui avaient suscité en moi des sentiments différents et m'avaient donné deux visions totalement opposées de la conservation de la nature.

Mais d'autres surprises m'attendaient. Un autre jour, alors que j'étais à nouveau dans les basses terres, je découvris un marais en plein milieu d'une profonde forêt. L'air était fétide, la vase s'accrochait à mes bottes, et j'aperçus des darlingtonias, des plantes carnivores, en train de digérer des insectes vivants.

C'est la variété qui fait la grande richesse de la forêt de Klamath-Siskiyou, point de rencontre entre la flore de la chaîne des Cascades, de la Sierra Nevada et de la chaîne côtière. C'est à Klamath-Siskiyou qu'on trouve la plus importante diversité de conifères de toutes les forêts tempérées : on peut y rencontrer non moins de dix-sept espèces différentes sur un seul kilomètre carré. Certaines espèces, comme le sapin-baumier et le cèdre de Port Orford, variétés endémiques à cette forêt, sont des fossiles vivants qui ont survécu au climat du Pléistocène.

Parmi les espèces menacées, on peut citer la hulotte tachetée et le guillemot marbré qui vivent dans les forêts matures, de même que le saumon argenté et la truite à tête d'acier, typiques de cette région qui abrite la plus forte concentration de rivières sauvages des États-Unis. Les prédateurs comptent dans leurs rangs le pékan, la martre, l'ours noir, le puma et même l'un ou l'autre glouton. Mais c'est la diversité elle-même qui se trouve aujourd'hui menacée : seuls 25 % de la forêt sont demeurés intacts à l'heure actuelle, et un dixième de ce qui reste à peine jouit d'un statut de protection.

NORD DE LA CALIFORNIE, ÉTATS-UNIS : *Écorégion 74 des Global 200.* Nulle part dans l'ouest de l'Amérique, la flore n'est aussi diversifiée que dans la forêt de Klamath-Siskiyou. Une azalée sauvage appartenant à une espèce endémique *(à gauche)* colore le sous-bois. Les pins de Douglas se mêlent à d'autres conifères *(ci-dessous)*. Aucune autre forêt tempérée du monde n'héberge autant de conifères différents. Diverses espèces de plantes carnivores très rares *(à gauche, en dessous)* poussent dans les zones marécageuses et se nourrissent d'insectes. La forêt de Klamath-Siskiyou abrite plus de 1800 espèces de plantes, dont 131 ne se trouvent nulle part ailleurs dans le monde.
Photos : Galen Rowell

NORD DE LA CALIFORNIE, ÉTATS-UNIS

Écorégion 74 des Global 200. La hulotte tachetée *(ci-dessus)* s'est trouvée au centre d'une polémique intense en rapport avec l'exploitation des anciennes forêts matures. Bien que cet oiseau menacé soit devenu le symbole de la confrontation entre bûcherons et protecteurs de la nature, d'autres espèces menacées, comme la chouette lapone, le grand pic et le pékan, dépendent tout autant des grands arbres matures de Klamath-Siskiyou. Autre habitant de la forêt, le cerf mulet n'est quant à lui nullement menacé. Ci-contre, une biche en train d'allaiter ses deux petits *(à droite)*.

Photos : Galen Rowell

ÎLES SAN JUAN, WASHINGTON, ÉTATS-UNIS

Écorégions 73 et 227 des Global 200. Plus haut vers le nord, le soleil s'élève moins haut dans le ciel au-dessus des forêts froides et humides de la côte pacifique, annonçant la transition vers des climats plus extrêmes auxquels doivent s'adapter les animaux et les plantes sauvages. Dernières lueurs du jour sur l'île de Vancouver, vues depuis le mont Constitution situé sur les îles San Juan, de l'autre côté du détroit de Juan da Fuca *(pages suivantes)*.

Photo : Frans Lanting

WASHINGTON, ÉTATS-UNIS

Écorégion 73 des Global 200. Dans l'Olympic National Park (État de Washington), les érables prennent leurs couleurs d'automne dans la forêt de Hoh, une des rares forêts pluviales tempérées du monde *(à gauche)*. Ce type de forêt ne se trouve ailleurs qu'en Nouvelle-Zélande, au sud du Chili et au Japon. Bénéficiant des quelque sept mètres de précipitations annuelles qui s'abattent sur la région (probablement la pluviosité la plus élevée de tous les États-Unis continentaux), les mousses et les fougères recouvrent d'un somptueux tapis le sol de la Cathédrale des Mousses *(ci-dessus)*, une des régions les plus appréciées par les randonneurs dans le Hoh. On dit que la végétation rampante du sous-bois dans certaines parties de la forêt détient le record mondial de la biomasse végétale à l'hectare.

Photos : Galen Rowell

ALASKA, ÉTATS-UNIS

Écorégions 73 et 141 des Global 200. Des bancs de brume s'effilochent au-dessus des vastes forêts, des lacs d'eau douce et des rivières de la presqu'île de Kenai, une langue de terre sauvage qui s'étend dans le golfe d'Alaska *(ci-dessus)*. En bordure de la rivière Teklanika, un lynx boréal est prêt à bondir sur un lièvre arctique *(à droite)*. L'animal a l'air plus grand qu'il ne l'est réellement au milieu des fleurs alpines. Son pelage hivernal épais le protège du froid extrême ; mais cette somptueuse fourrure a également suscité la convoitise des trappeurs, qui ont décimé ses populations. Aujourd'hui, le lynx est protégé grâce à un traité international.

Photos : Galen Rowell

ALASKA, ÉTATS-UNIS

Écorégion 141 des Global 200. Renard roux en chasse dans le sud-est de l'Alaska *(à gauche)*. Le renard est un carnassier rusé qui vit aussi bien en Amérique du Nord que dans certaines régions d'Europe, d'Asie et d'Afrique. En Alaska, on a souvent observé des renards roux suivant un grizzly afin de pouvoir se délecter des restes laissés par l'ours. Les loutres de mer *(ci-dessus)* qui se reposent sur un rocher observent attentivement le photographe. Elles se nourrissent de crustacés et de poissons, mais mangent aussi régulièrement des oursins, en dépit des longs piquants effilés dont sont armés ces animaux marins.

Photos : Frans Lanting

ALASKA, ÉTATS-UNIS : *Écorégion 141 des Global 200.* Ralentissant en ouvrant largement les ailes et en pointant vers l'avant ses pattes puissantes munies des griffes acérées qu'il utilise pour attraper les poissons à la surface de l'eau, un pygargue à tête blanche se pose sur son perchoir. L'espèce a été gravement menacée suite à l'action de substances toxiques telles que le DDT, qui fragilisaient la coquille de ses œufs. Aujourd'hui, cet aigle qui orne les armoiries des États-Unis est heureusement revenu en force grâce à l'interdiction du DDT. Un ours brun de l'Alaska *(pages suivantes)* à la recherche de nourriture en compagnie de son petit. L'ours brun de l'Alaska, le plus grand carnassier de l'Amérique du Nord, peut atteindre trois mètres et peser jusqu'à huit cents kilos. *Photos : Frans Lanting*

TERRITOIRES DU NORD-OUEST, CANADA

Écorégion 116 des Global 200. Baignées par la faible lumière d'un soir de septembre, les jolies couleurs automnales des bouleaux rabougris resplendissent le long d'un petit lac *(à gauche)* proche de la rivière Thelon, à des centaines de kilomètres du monde habité. Les cornes incurvées sont caractéristiques du bœuf musqué *(ci-dessus)*, la seule espèce d'une longue lignée de bovidés à avoir survécu à l'ère glaciaire. Le bœuf musqué fut exterminé par l'homme en Alaska dès 1865. Réintroduite par la suite, l'espèce habite aujourd'hui les régions arctiques situées à l'extrême nord de l'Amérique, ainsi que le Groenland.

Photos : Galen Rowell

« La vie dans notre village s'arrêterait si nous n'étions pas entourés de forêts et de prairies. Nous avons besoin du souffle tonique des grands espaces sauvages. »

– HENRY DAVID THOREAU

TERRITOIRES DU NORD-OUEST, CANADA

Écorégions 85 et 116 des Global 200. Un glouton *(en haut)*, redoutable carnassier rarement aperçu dans la nature, bondit dans le milieu ouvert de la toundra. Les gloutons pèsent à peine vingt kilos mais n'hésitent pas à attaquer des caribous et des élans adultes affaiblis par l'hiver. Les grandes étendues sauvages du nord du Canada ont assuré une certaine protection au glouton, mais l'espèce faillit par contre disparaître aux États-Unis au début du XXe siècle suite aux persécutions des trappeurs qui convoitaient son épaisse fourrure, utilisée dans la confection de parkas. Le glouton est aujourd'hui protégé dans plusieurs États américains. Les bois d'un caribou mâle *(ci-dessus)* faisant partie de l'immense troupeau connu sous le nom de Porcupine Herd, fort de 480 000 têtes, prennent une teinte rouge lorsque l'animal perd le velours. Le caribou accélère ce processus en frottant les bois contre des buissons. Bien qu'elle donne aux bois une apparence sanguinolente, la perte du velours est indolore pour l'animal. La brume automnale recouvre une vallée arctique des Barrens, près de la rivière Thelon *(ci-contre)*, à quelque 400 kilomètres de la route la plus proche.

Photos : Galen Rowell

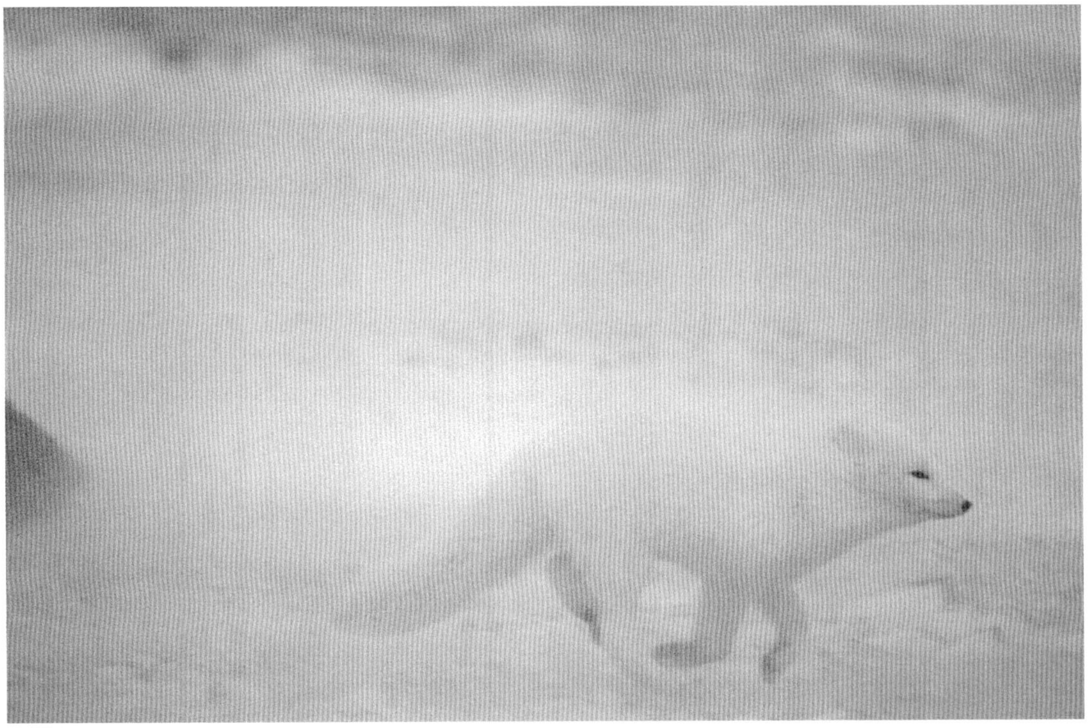

CHURCHILL, MANITOBA, CANADA

Écorégion 116 des Global 200. Un ours polaire et ses jeunes *(à gauche)* se pelotonnent l'un contre l'autre pendant une tempête de neige au bord de la baie d'Hudson. Quelque trois cents ours polaires se rassemblent chaque automne au Cap Churchill, où ils attendent que la mer gèle pour pouvoir partir chasser les phoques. Contrairement aux autres ours qui hibernent, le métabolisme des ours polaires qui vivent au sud de la banquise permanente ralentit simplement en été, plongeant les animaux dans un état de semi-torpeur qui ne les rend pas complètement inactifs. Les scientifiques craignent que le réchauffement du climat ne finisse par allonger la période pendant laquelle la baie d'Hudson est libérée des glaces, augmentant la période de jeûne des ours et empêchant ceux-ci de survivre jusqu'à l'hiver. Le renard arctique *(ci-dessus)* accompagne souvent l'ours polaire sur la banquise et se nourrit des restes laissés par le grand prédateur.

Photos : Galen Rowell

« Chaque organisme a atteint ce moment en avançant un pas après l'autre, pour survivre… en dépit d'obstacles presque impossibles. »

– EDWARD O. WILSON

ÎLES PRIBILOF, ALASKA, ÉTATS-UNIS

Écorégion 235 des Global 200. Les premières lueurs du jour naissant magnifient les silhouettes des falaises *(page ci-contre)* où sont installées les colonies des oiseaux marins qui se rassemblent dans la mer de Béring, où abonde la nourriture. Des millions d'oiseaux, appartenant à 210 espèces différentes, visitent ces îles volcaniques autrefois inhabitées. Un macareux cornu *(en haut)* se lance dans les airs depuis une falaise abrupte, tandis qu'un renard arctique audacieux *(ci-dessus)* guette un guillemot de Brünich sur une crête étroite qui surplombe la mer.

Photos : Galen Rowell

ÎLES PRIBILOF, ALASKA, ÉTATS-UNIS

Écorégion 235 des Global 200. Une jeune otarie à fourrure septentrionale *(page de droite)* s'amuse à prendre une attitude offensive. Près de 800 000 de ces otaries, soit les trois quarts de la population mondiale de l'espèce, convergent chaque année au printemps vers les îles Pribilof *(ci-dessus)*, afin de s'accoupler et de mettre bas. Il s'agit du plus important rassemblement de mammifères au monde. Les Russes réalisèrent rapidement tout le profit qu'ils pouvaient tirer des otaries sur les îles Pribilof : au XVIIIe siècle, ils installèrent de force des esclaves aléoutiens et les chargèrent d'exterminer des millions d'otaries pour leur fourrure. L'exploitation commerciale des otaries ne prit fin qu'en 1984. Aujourd'hui, seuls les descendants des esclaves aléoutiens ont encore le droit d'abattre chaque année un petit nombre de mâles célibataires, qui ne participent pas à la reproduction. Ce prélèvement strictement contrôlé ne met pas la survie de la population d'otaries des îles Pribilof en danger.

Photos : Galen Rowell

DÉTROIT DE BÉRING, SIBÉRIE : *Écorégion 235 des Global 200*. Tant les animaux que les plantes ont la vie dure dans les conditions climatiques extrêmes qui prévalent dans les régions subarctiques, où la survie commence à tenir du miracle. Des nuages de tempête s'amoncellent au-dessus de l'île Arakamchechen *(ci-dessus)*, où les pentes couvertes d'une toundra vierge descendent doucement vers le littoral. Malgré la création d'une réserve naturelle, le braconnage du morse *(page ci-contre, en haut)* s'est intensifié depuis l'effondrement de l'Union soviétique, réduisant la population de l'île de 15 000 à 3000 animaux en l'espace de deux ans seulement. *Photos : Galen Rowell*

POINT BARROW, ALASKA, ÉTATS-UNIS : *Écorégion 235 des Global 200*. Une baleine franche du Groenland *(à gauche)* effectue un saut hors de l'eau au milieu d'une zone libre de glaces dans l'océan gelé, à l'endroit où le détroit de Béring débouche dans la mer de Beaufort. En automne, les baleines du Groenland se nourrissent dans les eaux froides qui regorgent de petits crustacés appelés céphalopodes. *Photo : Galen Rowell*

HÉBRIDES, ÉCOSSE : *Écorégion 217 des Global 200*. D'un coin à l'autre des mers subarctiques de l'hémisphère Nord, les macareux moines au bec bigarré se rassemblent au printemps sur les falaises pour y nicher. Ils chassent les petits poissons sous l'eau pour nourrir leur progéniture, avant de repartir vers la haute mer, où ils passeront le reste de l'année. *Photo : Frans Lanting*

UN ESSAI DE DAVID DOUBILET

LA MER ROUGE

Je me suis un jour assis sous l'eau juste au bord de la plate-forme continentale, mes jambes pendant au-dessus du gouffre qui plonge de plus de 600 mètres à la pointe de la péninsule du Sinaï, dans la mer Rouge. Regardant en direction du sud, je tournai d'abord la tête vers la gauche, vers l'Asie, puis vers la droite, vers l'Afrique. La mer Rouge fait partie de la grande faille d'Afrique, ce fossé gigantesque qui témoigne de la scission entre deux des plus grandes plaques tectoniques de la planète.

La pluie ne tombe pour ainsi dire jamais sur la mer Rouge, et aucune rivière ne s'y jette, ce qui explique la clarté exceptionnelle de ses eaux, clarté qui ravit le plongeur sous-marin. L'eau qui s'évapore est remplacée par de l'eau en provenance de l'océan Indien, qui s'infiltre par la seule ouverture que possède la mer Rouge, à son extrémité méridionale. Les vents qui balaient la mer Rouge sont à l'origine de la remontée d'eaux riches en nutriments provenant des profondeurs, et qui permettent à une faune marine extraordinaire de prospérer. C'est la mer la plus longue et la plus

MER ROUGE : *Écorégion 201 des Global 200*. Un plongeur évolue dans les eaux chaudes du Moyen-Orient au-dessus d'un lit de coraux souples et de bancs de barbiers, en bordure du récif du cap Mohammed au large de la presqu'île du Sinaï, en Israël *(à gauche)*. Des nuées de barbiers, ainsi que d'innombrables autres créatures des récifs coralliens, vivent du plancton ramené des profondeurs de la mer par l'action des violents vents de surface. *Photo : David Doubilet*

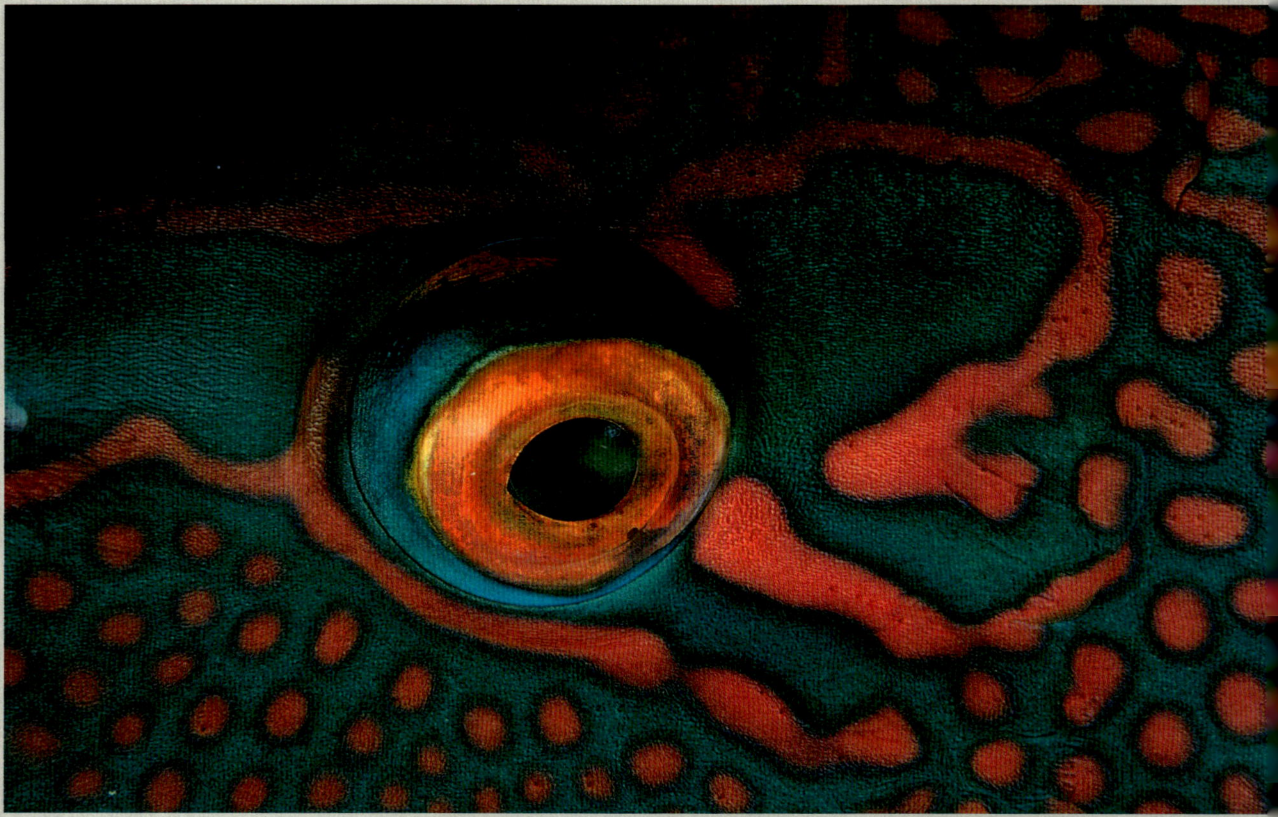

étroite du globe : elle s'étend comme un bras à l'extrémité nord de l'océan Indo-Pacifique, qui couvre une bonne partie de la planète.

Un bras dont les muscles sont représentés par quelques-unes des créatures les plus uniques au monde ! On y trouve des anguilles qui s'arriment sur le fond de la mer, des poissons-anges qui leurrent leurs proies à l'aide d'un appendice, un gobie dont les yeux guident une crevette à moitié aveugle.

Les bancs des barbiers, des poissons longs de cinq centimètres et qui se nourrissent de plancton, sont suspendus devant le récif de corail tels des voiles, et lorsque apparaissent les carangues, c'est tout le récif qui tressaille. De grands bancs de perches de verre transparentes reflètent la lumière, pareils à d'énormes lustres. Les parois abruptes des récifs de corail ressemblent elles-mêmes à des tapisseries où se côtoient les couleurs les plus diverses.

Ces murs abrupts créent des ombres, qui semblent prolonger les ténèbres des profondeurs vers la surface ; étant donné que bon nombre de poissons sont surtout actifs dans l'obscurité, cela me donne plus de temps pour les observer. J'ai vu des requins s'accoupler, des poissons manger d'autres poissons, des coraux se nourrir frénétiquement. Pour moi, la mer Rouge est un laboratoire, un studio, une galerie, un endroit où les rêves sont des réalités.

MER ROUGE : *Écorégion 201 des Global 200*. L'œil d'un poisson-perroquet *(à gauche)*, semblable à une pierre précieuse, guide celui-ci vers des agrégats de coraux morts qu'il broie dans le but d'attraper les vers et les crustacés qui s'y cachent. Des bancs de percoïdes se tapissent dans l'ombre pour se protéger, avant de se disperser la nuit pour se nourrir. « Le groupe entier se déplace comme s'il n'y avait qu'un seul poisson » note le photographe : « traverser un banc de ces poissons, c'est un peu comme traverser une chute d'eau composée d'êtres vivants ». *Photos : David Doubilet*

MER ROUGE : *Écorégion 201 des Global 200*. Le Napoléon (labre géant) *(ci-dessus)*, aussi impressionnant qu'inoffensif, peut atteindre un poids de près de 250 kilos. Ce poisson est considéré comme une délicatesse en Extrême-Orient : un plat de ce poisson peut se vendre jusqu'à 1000 $, ce qui explique que l'espèce soit convoitée au point de menacer sa survie. Il broute sur le récif de corail à l'aide de sa bouche énorme. Des poissons-clowns évoluent à l'aise parmi les tentacules hautement venimeux de l'anémone de mer à la livrée éclatante. Les poissons se protègent en s'enduisant du mucus produit par l'anémone pour se protéger elle-même contre son propre poison. *Photos : David Doubilet*

MER ROUGE : *Écorégion 201 des Global 200.* À l'affût entre les branches du corail noir, cette bécasse à carreaux *(ci-dessus)* attend de pouvoir capturer un jeune poisson d'un mouvement rapide de ses mâchoires en forme de pince. Pour les autres poissons, les formes de ce poisson prédateur se confondent avec celles des branches du corail qui constituent l'arrière-plan. Le gobiodon citron, petit poisson long de quelque cinq centimètres *(ci-contre, en haut)*, préfère se cantonner près des coraux durs, où il effectue de fréquents mouvements d'attaque et de retraite. La plus effrontée sans doute parmi les éboueurs des récifs coralliens, la crevette impériale *(ci-contre, en bas)*, s'accroche à une limace de mer pour y ramasser les petits déchets comestibles qui s'y trouvent. *Photos : David Doubilet*

FLEUVE ZAMBÈZE, ZIMBABWE

Écorégion 96 des Global 200. Le soleil se lève derrière les légendaires chutes Victoria *(ci-contre)*. C'est un Britannique qui fut le premier Occidental à découvrir les chutes en 1855 : il les nomma en honneur de sa reine. La rivière, qui héberge des milliers d'hippopotames et de crocodiles, serpente à travers la Zambie, la Namibie et longe le Botswana avant d'atteindre la grande faille située au Zimbabwe.

Photo : Galen Rowell

SERENGETI, TANZANIE

Écorégion 95 des Global 200. L'aube projette ses rayons derrière un acacia, telle une lente explosion *(ci-dessus)* sur l'immense plaine qui héberge presque toutes les espèces de la célèbre grande faune d'Afrique, ainsi qu'une multitude de créatures plus petites.

Photo : Galen Rowell

TANZANIE

Écorégion 95 des Global 200. Un troupeau mixte de zèbres et de gnous *(pages précédentes)* se nourrit des herbes dans le Ngorongoro, la plus grande caldeira volcanique au monde. Des prairies et des mares d'eau douce, qui fournissent nourriture et eau aux troupeaux d'éléphants, d'hippopotames, de zèbres, de gnous, de gazelles, de buffles, d'autruches et à quelques-uns des derniers rhinocéros noirs en liberté de l'est de l'Afrique, tapissent les 250 kilomètres carrés de cet énorme cratère, encerclé par des parois de 600 mètres de haut. La profusion d'herbivores attire des carnassiers comme les lions et les hyènes.

Photo : Frans Lanting

Écorégion 95 des Global 200. Une hyène *(ci-dessus)* prend un air distrait pour tenter de s'approcher d'un groupe de flamants roses rassemblés dans le cratère du Ngorongoro. Se rappelant peut-être les brusques assauts dont ils furent victimes de la part de l'hyène auparavant, les échassiers s'éloignent par prudence.

Photo : Galen Rowell

MASAI MARA, KENYA

Écorégion 95 des Global 200. Ce simulacre de combat entre les trois lions n'interrompt que pour quelques secondes les vagabondages matinaux de leur groupe *(ci-contre)*.

Photo : Galen Rowell

BASSIN DU CONGO, RÉPUBLIQUE DÉMOCRATIQUE DU CONGO

Écorégion 18 des Global 200. Sous l'épaisse canopée de la forêt équatoriale de l'Afrique centrale *(ci-dessus)* vit une faune unique qui comprend des espèces comme l'okapi et le paon du Congo. L'instabilité politique qui ravage la région a considérablement freiné le déboisement dans la deuxième forêt tropicale du monde en étendue, après l'Amazonie. Mais les braconniers et les cultivateurs menacent le bonobo ou chimpanzé pygmée *(ci-contre)*, de la forêt de Wamba. Le bonobo, notre plus proche parent, mène une vie sociale plus paisible que le chimpanzé commun.

Photos : Frans Lanting

Okavango, Botswana

Les astronautes qui ont contemplé la Terre depuis l'espace affirment qu'ils voyaient le delta de l'Okavango, au Botswana, se détacher telle une immense main verte étalant ses doigts bleus au beau milieu des étendues arides de l'Afrique australe. Cette « main » qui s'avance loin dans l'immense désert du Kalahari a été décrite par beaucoup comme « la dernière étendue sauvage de la vieille Afrique », un jardin d'Éden où se perpétuent des rites hérités droit du Pléistocène.

J'ai bénéficié d'un contact bien plus intime avec le plus grand delta intérieur du monde : je l'ai vu, allongé sur le ventre dans sa vase chaude ou immergé dans ses eaux fraîches, pour photographier la « grande ménagerie ». Les éléphants passaient au-dessus de moi dans toute leur majesté, des impalas faisaient des bonds nerveux à proximité, torturés entre la peur et la soif. Alors que je parcourais le labyrinthe de chenaux entre des murs de papyrus, des hippopotames aux yeux exorbités se levaient

---

DELTA DE L'OKAVANGO, BOTSWANA : *Écorégion 105 des Global 200.* La végétation du désert renaît deux fois par an lorsque les pluies s'abattent sur cette terre plane, y apportant un nouveau souffle de vie *(ci-contre)*. La saison des pluies dans le delta, qui s'étend d'octobre à mars, irrigue la végétation qui s'essouffle au terme de la longue saison sèche. Lorsqu'il s'assèche à nouveau quelques mois plus tard, le delta bénéficie d'un nouveau flot provenant des précipitations sur les hauts plateaux de l'Angola. Les prairies se transforment à nouveau en marais, donnant naissance à un nouveau paradis pour un grand nombre de mammifères. *Photo : Frans Lanting*

dans d'effrayantes postures d'intimidation, et des crocodiles du Nil glissaient silencieusement, pareils à des sous-marins.

Cette main humide qui défie la sécheresse est alimentée non pas par une, mais bien par deux mannes liquides chaque année. La première a lieu durant la saison des pluies qui s'abat sur la région elle-même, lorsque le Kalahari verdit sous les averses et permet aux herbivores et à leurs prédateurs de s'aventurer loin dans le désert environnant. Lorsque l'eau récède au fur et à mesure que la sécheresse s'impose et que les animaux amaigris doivent se retrancher au bord des chenaux qui disparaissent peu à peu, un second flot arrive, au terme d'un voyage de près de 1500 kilomètres. Les pluies qui s'abattent sur les hauts plateaux du lointain Angola arrivent par l'intermédiaire de la rivière, et se répandent dans le delta et même dans le désert. Elles stimulent le retour de la vie pour toutes les créatures dont la vie ne tenait plus qu'à un fil.

En observant les drames personnels des animaux dans leur lutte pour la survie sur un fond de paysages saisonniers, je réalisais un vieux rêve. Laissés à eux-mêmes, les animaux poursuivraient ce jeu immuable jusqu'à la fin des temps. Mais c'est la présence humaine de plus en plus visible dans la région qui décidera du sort de l'Okavango. Cependant, si les besoins des populations locales et les espoirs économiques d'un pays en développement peuvent être conciliés avec le respect de la vie sauvage, cette perle du désert pourrait devenir un nouvel espoir pour une Nouvelle Afrique.

DELTA DE L'OKAVANGO, BOTSWANA : *Écorégion 105 des Global 200*. La rapidité légendaire du guépard, qui peut effectuer des pointes de plus de 100 km/h, ne lui est d'aucune utilité face à la progression de la civilisation. Cette femelle accompagnée de ses petits *(ci-contre)* appartient à une espèce qui a déjà disparu en Inde, et qui est menacée en Afrique suite à l'extension des terres agricoles qui empiètent sur les grands espaces ouverts dont elle a besoin et à cause du braconnage dont elle est l'objet pour sa fourrure tachetée. D'abondantes pluies *(ci-dessous)* font renaître la végétation dans la steppe herbeuse de Makgadikgadi, un habitat typique de cet élégant félin. *Photos : Frans Lanting*

DELTA DE L'OKAVANGO, BOTSWANA

Écorégion 105 des Global 200. La saison sèche dans le delta force les éléphants à se diriger vers le nord et les zones inondables de la rivière Chobe *(ci-contre)*, où ils trouvent encore de l'eau dans les chenaux et les petits marais. La diminution de l'habitat représente la principale menace pour les éléphants adultes, qui ont besoin de 150 kilos de fourrage par jour. Un troupeau d'éléphants, en quête de prairies plus vertes, traverse la forêt de Mosane *(ci-dessus)*.

Photos : Frans Lanting

DELTA DE L'OKAVANGO, BOTSWANA

Écorégion 105 des Global 200. Des langues de sel s'étendent sur les dépressions alcalines de Makgadikgadi *(ci-contre)*. Autrefois occupée par un grand lac, la région s'assécha lorsque des bouleversements tectoniques dans le sous-sol modifièrent le cours des rivières qui l'alimentaient. Aujourd'hui, seules des pluies irrégulières apportent encore de l'eau, attirant des hordes de flamants roses qui s'y nourrissent aussi longtemps que les eaux subsistent. Immobiles, affrontant la sécheresse à leur propre façon, ces baobabs *(ci-dessus)* stockent l'eau dans leur tronc énorme ou dans leurs feuilles charnues. Les éléphants se nourrissent de l'écorce fibreuse de ces arbres étranges, qui servent également de refuges pour de nombreuses espèces d'animaux. Les troncs des baobabs peuvent atteindre dix mètres de diamètre.

Photos : Frans Lanting

ATOLL D'ALDABRA, SEYCHELLES : *Écorégion 200 des Global 200.* À l'est de la Tanzanie, l'île de Cosmoledo s'élève comme une plate-forme sur la mer *(ci-dessus)*, émergeant à peine à la surface de l'océan Indien. Trop petit pour être développé, l'atoll d'Aldabra est demeuré un laboratoire vierge pour la vie dans les récifs coralliens. À l'horizon, la mangrove apparaît derrière ce morceau de récif qui émerge à marée basse, coiffé d'un arbuste solitaire *(ci-contre, haut)*. Les mangroves de l'atoll d'Aldabra constituent l'unique site de reproduction pour toute la population de frégates de l'océan Indien. Les eaux couleur émeraude se reflètent sur la face inférieure des nuages. Ces îles isolées sont également devenues un refuge pour les tortues terrestres géantes. Accomplissant une parade amoureuse qui ressemble aux baisers des humains, deux tortues éléphantines d'Aldabra *(ci-contre, bas)* font mutuellement connaissance. *Photos : David Doubilet*

ATOLL D'ALDABRA, SEYCHELLES

Écorégion 200 des Global 200. Un poisson-cocher de la taille d'une assiette *(ci-contre)* batifole autour de la corde d'ancrage d'une embarcation. Un banc serré de lutjons *(ci-dessus)*, mesurant chacun une douzaine de centimètres, constitue une véritable aubaine pour les prédateurs. Ces poissons recherchent dans la masse leur seule protection.
Photos : David Doubilet

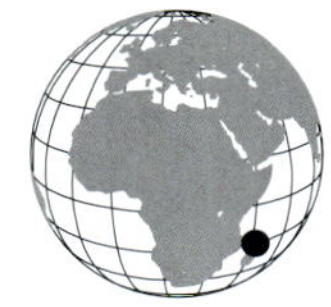

MADAGASCAR

Écorégion 131 des Global 200. Au sud d'Aldabra, l'île de Madagascar qui s'étend tout en longueur sur plus de mille kilomètres est la patrie du lémur catta *(ci-contre)*, qui se redresse pour atteindre les baies qu'il convoite pour son repas. Des primates tout comme les humains, les lémuriens ont évolué pour créer au moins 32 espèces et une cinquantaine de sous-espèces à Madagascar, après que l'île se fut séparée du continent africain il y a plusieurs millions d'années. De nouvelles espèces de lémuriens continuent encore à être découvertes à l'heure actuelle. Bien que les forêts pluviales qui constituent l'habitat préféré de la plupart des lémuriens s'étendent le long de la côte orientale de l'île, ce sont les savanes et les zones de buissons qui constituent les milieux naturels les plus répandus à Madagascar. À l'extrémité sud de l'île, on trouve même un désert d'épineux *(ci-dessus)*. L'habitat des lémuriens se rétrécit dangereusement, suite aux incendies allumés par une population en plein accroissement et qui a toujours besoin de nouvelles terres agricoles. Quatre cinquièmes de Madagascar sont aujourd'hui affectés par la désertification.

Photos : Frans Lanting

MADAGASCAR : *Écorégion 58 des Global 200*. Les passagers de ce véritable radeau de l'évolution qu'est Madagascar ont profité de divers avantages lorsque cette partie de l'Afrique s'est détachée du reste du continent, il y a 165 millions d'années. Parmi ces exilés, on trouve ce caméléon *(ci-dessus)*, dont la pigmentation varie en fonction de ses humeurs. La moitié des espèces de caméléons du monde vivent à Madagascar. L'isolation était synonyme de sécurité pour ces sifakas couronnés *(ci-contre)*, perchés sur un tamarinier. Seuls quelques prédateurs, et aucun autre primate, parvinrent en effet à profiter de débris végétaux flottants pour traverser le détroit de plus en plus large qui séparait l'île du continent. Les humains arrivèrent vers 500 av. J.-C. : en l'espace d'un millier d'années, quatorze espèces de lémuriens disparurent, dont certaines atteignaient la taille des singes anthropomorphes actuels. Des efforts de conservation, de même que la création d'un réseau de parcs nationaux ont quelque peu apaisé les menaces qui planent sur la vie sauvage de Madagascar. L'économie des populations locales pourrait être améliorée grâce notamment aux touristes venant admirer les curiosités biologiques de l'île, et entre autres les arbres-pieuvres *(pages suivantes)*, couverts d'épines mais qui n'ont pourtant rien en commun avec les cactus. *Photos : Frans Lanting*

NÉPAL : *Écorégion 68 des Global 200*. Bien loin au nord de Madagascar, et à des altitudes infiniment plus élevées, les flancs resplendissants du Macahapure, la « queue de poisson » qui culmine à près de 6800 mètres *(ci-dessus)*, s'élèvent au-dessus de sombres forêts d'altitude dans le massif de l'Himalaya. Vénérée par les habitants de la région, la montagne est incluse dans la Zone de conservation de l'Annapurna, une zone protégée s'étendant sur quelque 2500 km^2 et qui fut créée en 1987 par le WWF et le gouvernement népalais. Dans la zone de conservation, les communautés locales, qui dépendent de l'environnement pour leur survie, se sont vu confier à elles-mêmes la conservation des habitats naturels. Une fascinante diversité de milieux se succèdent entre les sommets de plus de 7800 mètres et le canyon le plus profond au monde, le Kali Gandaki, et depuis les forêts pluviales du sud jusqu'aux steppes dénudées du nord. Le projet de conservation a initié des stratégies d'avant-garde, et est devenu un modèle global pour la protection de l'environnement naturel dans le tiers-monde. *Photo : Galen Rowell*

NÉPAL

Écorégions 67 et 97 des Global 200. Des rhododendrons fleurissent dans la Zone de conservation de la Kanchenjunga, à quelque 3000 mètres d'altitude *(ci-contre)*. La création de cette zone de conservation a été parrainée par le WWF suivant la stratégie développée une dizaine d'années auparavant dans la Zone de conservation de l'Annapurna. La Kanchenjunga, la troisième plus haute montagne du monde, s'étend sur les frontières du Népal, de la Chine et de l'Inde. Les gouvernements de ces trois pays travaillent à la création de réserves naturelles internationales s'étendant sur tous les versants de la montagne. Dans le Parc national royal de Chitwan, au sud-ouest de Katmandou, là où toutes les rivières alimentent le Gange et où la grande faune prospère, des touristes provenant du Tiger Tops Lodge et juchés sur le dos d'éléphants asiatiques observent un rhinocéros indien et son petit.

Photos : Galen Rowell

« Chaque pays a besoin d'espaces sauvages, où les hommes – jeunes et vieux – peuvent se rendre pour se ressourcer spirituellement. »

– SIR EDMUND HILLARY

NÉPAL

Écorégion 67 des Global 200. L'Ama Dablam *(ci-contre)*, que l'on observe ici d'une altitude d'environ 4000 mètres au-dessus de Khumjung, est généralement considéré comme étant bien plus beau que son voisin, le mont Everest. Le coucher du soleil sur le sommet haut de 6700 mètres met en relief la silhouette d'un pin bleu, un arbre commun dans ces forêts d'altitude moyenne. C'est la collision entre le sous-continent indien et l'Asie qui a donné naissance au massif de l'Himalaya. Parmi les animaux sauvages qui peuplent les forêts des étages supérieurs du massif, on trouve le très rare chevrotain porte-musc *(en haut)*, qui doit son nom à une glande à musc dont il est pourvu. Le musc de cet animal se vend comme aphrodisiaque jusqu'à trois fois l'équivalent de son poids en or. Grâce à la protection dont jouit le Parc national du Sagarmatha, la population du Tahr de l'Himalaya *(ci-dessus)* est actuellement en accroissement rapide. Ces chèvres sauvages sont des proies faciles pour le léopard des neiges, devenu très rare, ou encore pour le loup de l'Himalaya et l'ours brun.
Photos : Galen Rowell

UN ESSAI DE GALEN ROWELL

TIBET

Vous ne pouvez rêver d'aventures dans les régions les plus élevées du monde, comme je l'ai fait durant toute ma vie, sans rêver d'aller un jour au Tibet. Appelé à juste titre le « toit du monde », le plateau tibétain est entouré de hautes montagnes qui donnent naissance à la plupart des grands fleuves d'Asie. Les vallées qui le découpent sont situées à des altitudes variant entre 3600 et 4800 mètres.

Jusqu'à une époque récente, le Tibet a vécu dans un isolement presque total. Il s'agissait d'une région inhospitalière, où le temps s'était arrêté et où les populations bouddhistes avaient développé une profonde perception spirituelle par rapport à la terre et à tous les êtres qui la peuplent. Tous les explorateurs – ou presque – qui s'étaient aventurés au Tibet rapportaient des récits de troupeaux de gazelles et d'ânes sauvages se mêlant à leurs caravanes.

Ma première visite au Tibet date de 1981. Il s'agissait

TIBET : *Écorégion 114 des Global 200.* L'air raréfié n'empêche pas les kiangs, les ânes sauvages tibétains *(à gauche)*, de galoper à travers une steppe proche de la frontière entre la Région autonome du Tibet et le Népal *(ci-contre)*. A 5000 mètres d'altitude, cet équidé peut courir à une vitesse de près de 50 km/h pendant plus d'une demi-heure. Jadis commune à travers tout le plateau tibétain, cette espèce a vu ses effectifs se réduire considérablement suite à la chasse et à la concurrence exercée par le bétail domestique. Ce groupe d'ânes sauvages évolue dans une région extrêmement rude et isolée de l'ouest du Tibet. *Photo : Galen Rowell*

pour moi d'un grand moment, mais pour ce qui est de l'observation de la faune sauvage, ce fut également une grande déception. Durant les trente années qui suivirent l'invasion du Tibet et qui virent la population perdre le contrôle sur sa terre natale, les forêts furent anéanties et la faune à peu près éradiquée, chassée à outrance pour la nourriture ou le commerce illégal. Les herbivores sauvages ont été remplacés par du bétail domestique. Pendant deux mois, j'ai randonné et grimpé dans ces montagnes spectaculaires mais où les animaux avaient disparu. J'ai également parcouru plus de 1500 kilomètres en véhicule sur des pistes de terre sur le versant tibétain du mont Everest, sans rencontrer un seul grand mammifère.

Lors de mes séjours successifs, j'eus l'occasion de me rendre dans les hautes steppes reculées de l'ouest du Tibet. C'est là que j'ai visité des vallées secrètes où évoluaient des troupeaux de gazelles, d'antilopes et d'ânes sauvages. J'ai également rencontré des nomades vivant en autonomie dans ces régions isolées. Mes photos suscitèrent l'enthousiasme du dalaï-lama à tel point qu'il accepta d'écrire un livre et d'utiliser mes documents pour attirer l'attention sur l'héritage culturel et naturel de son pays. Dans *Mon Tibet*, Sa Sainteté avoue qu'il rêve que « la totalité du plateau tibétain puisse un jour être transformée en un véritable sanctuaire de paix... le plus grand parc national du monde ».

Certains animaux, tels que le yak sauvage, le panda géant ou l'argali, sont typiques du Tibet et de la région, tandis que d'autres nous paraissent nettement plus familiers. Il y a de bonnes raisons pour cela : le plateau tibétain est un vestige d'une zone biogéographique ancienne appelée la Zone Paléarctique, qui cernait les régions de haute altitude pendant les ères glaciaires. Les loups, les renards et les ours que l'on trouve au Tibet sont donc de proches parents de ceux qu'on trouve en Amérique du Nord et en Europe : des maillons solides de la chaîne fragile de la diversité biologique.

TIBET : *Écorégion 114 des Global 200.* La grue à cou noir *(ci-contre)*, une espèce gravement menacée, fait éclater ses couleurs devant un éperon du Shishapangma, le seul des quatorze pics au monde dépassant les 7800 mètres d'altitude à être entièrement situé au Tibet. La perte de ses habitats, de même que le braconnage, ont considérablement réduit les populations de cet oiseau des marais d'altitude. Félin fantomatique disparaissant rapidement du toit du monde, le léopard des neiges *(ci-dessous)* a été victime de l'attrait que représente sa somptueuse fourrure. Il souffre également de la raréfaction de ses proies, décimées par les chasseurs ou qui subissent la concurrence du bétail domestique. *Photos : Galen Rowell*

« Nos animaux sauvages sont un symbole de liberté. Sans eux, quelque chose manque dans le plus beau des paysages. »

– DALAÏ-LAMA

TIBET

Écorégion 114 des Global 200. Pareil à une vision imaginaire apparaissant au milieu des nuages, le Kangbochen *(ci-contre)*, qui culmine à 7200 mètres, domine une vallée traversée par une petite rivière sinueuse. Les bharals, habitants caractéristiques de la haute montagne, franchissent un versant abrupt au pied du Kailar *(ci-dessus)*. Cette montagne sacrée symbolise la représentation terrestre du centre de l'univers pour les bouddhistes, les hindous, les jaïns et les disciples de la croyance de Bon, la plus ancienne croyance pré-bouddhiste au Tibet. L'argali *(ci-dessus)* porte les cornes les plus lourdes de tous les moutons sauvages de montagne. Elles peuvent peser jusqu'à 32 kilos. L'argali peut vivre jusqu'à une altitude de 5500 mètres, mais il est devenu rare à l'heure actuelle.
Photos : Galen Rowell

UN ESSAI DE FRANS LANTING

Bornéo

Se promener dans une forêt de Bornéo, c'est comme pénétrer dans un laboratoire où se crée la vie. S'étendant sous les tropiques dans l'archipel malais, l'île est copieusement arrosée. Au moins cinq mètres d'eau s'abattent annuellement sur chaque mètre carré de Bornéo ; et lorsque la pluie cesse, les rayons du soleil envahissent la forêt, donnant naissance aux conditions chaudes et humides idéales dont profitent une profusion inimaginable de créatures vivantes.

On trouve plus d'essences d'arbres différentes sur dix hectares de forêt à Bornéo que dans toute l'Amérique du Nord. L'île compte plus d'espèces d'oiseaux que toute l'Europe, et autant d'espèces de mammifères que l'Australie. Reptiles et amphibiens abondent, tandis que seule une fraction des millions d'espèces d'insectes a été identifiée à l'heure actuelle.

SABAH, BORNÉO : *Écorégions 40 et 41 des Global 200*. De grandes trouées, témoins de l'exploitation forestière, déchirent cette forêt envahie par le brouillard dans la partie sud de Bornéo, tout près de l'équateur (*ci-contre*). Bien qu'on trouve encore des forêts intactes dans l'État de Sabah (partie de Bornéo appartenant à la Malaisie), la majeure partie de la forêt de Bornéo a déjà été morcelée. Les deux récents bouleversements météorologiques provoqués par le courant d'El Niño ont accéléré la destruction d'habitats particulièrement riches en espèces en asséchant les forêts, qui devinrent des proies faciles pour les flammes. La tourbe qui est contenue sous le sol de la forêt rend la lutte contre les incendies extrêmement difficile, étant donné que le feu peut y couver pendant des jours sans qu'on ne s'en aperçoive avant de reprendre soudainement. *Photo : Frans Lanting*

Bien que j'aie visité bon nombre de hauts lieux de la nature dans le monde, j'ai été fasciné par l'ingéniosité de la vie telle qu'elle se manifeste à Bornéo. Un lézard à la queue striée et au dos parcouru d'une crête délicate se dresse sur les pattes arrière pour courir tel un dinosaure miniature. Quelque 1200 espèces d'orchidées agrémentent les forêts de montagne de Bornéo. Les tarsiers aux yeux démesurés s'accrochent aux branches comme des lutins aux doigts munis de ventouses. Des eurylaimes traversent l'air telles des pierres précieuses munies d'ailes. Des orangs-outans se balancent placidement de branche en branche, comme pour se donner l'aspect d'une nouvelle race humaine plus paisible. L'air de la nuit est animé d'un bourdonnement continu, comme si c'étaient les ténèbres elles-mêmes qui respiraient.

Mais la forêt pluviale de Bornéo subit des transformations rapides. On y trouve des essences d'arbres qui représentent une ressource économique considérable pour la Malaisie, l'Indonésie et le minuscule sultanat de Brunei, qui se partagent cette île en forme de larme. Je ne sais pas si l'on prendra conscience des richesses plus fondamentales de cette forêt avant qu'elle n'ait été sacrifiée sur l'autel du commerce. Mais je suis convaincu que c'est dans de tels laboratoires de la vie que se cachent les clés de notre futur.

SABAH, BORNÉO : *Écorégions 40 et 41 des Global 200*. Cette gorge profonde située dans la Zone de conservation de la vallée de Danum et les grands arbres rectilignes qui la bordent donnent une image typique de la nature à Bornéo *(ci-dessous)*. Les précipitations atteignant quelque 500 centimètres par an et la chaleur permanente permettent le développement d'une végétation luxuriante et l'apparition de formes de vie très particulières. Dans ce haut lieu de la biodiversité, dix hectares de forêt peuvent contenir plus d'essences d'arbres que l'Amérique du Nord tout entière. Un nombre plus élevé d'espèces d'oiseaux vit ici que dans toute l'Europe, et on y trouve plus d'espèces de mammifères que sur tout le continent australien. Des papillons renommés tant pour leur taille que pour leur beauté se régalent du nectar des fleurs, comme cet ornithoptère de Rajah Brooke *(ci-contre)*. *Photos : Frans Lanting*

SABAH, BORNÉO

Écorégions 40 et 41 des Global 200. Patiente comme peut l'être une mère, cette femelle d'orang-outan veille attentivement sur les cabrioles de son petit dans les arbres *(ci-contre)*. Les jeunes orangs-outans dépendent totalement de leur mère, et ne sont en mesure de se nourrir par leurs propres moyens qu'au bout de six ou sept ans. Le nom d'orang-outan signifie « homme de la forêt » en langue malaise. À l'aide de leurs longs bras, qui touchent presque le sol lorsqu'ils marchent sur les pattes arrière, les orangs-outans passent plus de temps dans les hautes branches des arbres que leurs cousins d'Afrique, les gorilles. On trouve également de nombreux reptiles et amphibiens spécialement adaptés à la vie aux différents étages de la canopée, comme par exemple ce rhacophore (« grenouille volante ») *(ci-dessus)*.

Photos : Frans Lanting

SABAH, BORNÉO : *Écorégions 40 et 41 des Global 200*. Mâchonnant des feuilles d'arbuste tout en se frayant un chemin à travers la forêt, ce rhinocéros de Sumatra *(ci-contre)* est encore couvert de la boue rouge dont il s'est enduit lors de son dernier bain. Le rhinocéros de Sumatra est la plus petite des cinq espèces de rhinocéros actuelles : il mesure à peine 1,2 m au garrot, contre son cousin géant le rhinocéros blanc d'Afrique, qui dépasse les deux mètres. L'espèce est devenue rarissime dans les forêts de Bornéo qui disparaissent rapidement. Le tarsier est un des plus petits primates *(ci-dessus)*, un animal arboricole de la taille d'un écureuil caractérisé par ses yeux énormes qui l'aident à attraper les insectes et les petits lézards dont il se nourrit pendant la nuit. Pour sauter d'une branche à l'autre, le tarsier plie ses longues jambes arrière munies de muscles puissants, puis il effectue un prodigieux bond vers l'arrière et, après avoir fait un demi-tour en l'air, atterrit face vers l'avant. *Photos : Frans Lanting*

MER DES CÉLÈBES ET MER DE SULU, INDONÉSIE, MALAISIE ET PHILIPPINES : *Écorégions 207 et 208 des Global 200.* Un parterre de corail recouvre les hauts-fonds proches de l'île d'Alor, au large de la côte sud-est de l'Indonésie *(pages précédentes)*. Les récifs de corail, nombreux dans les mers chaudes, abritent une diversité phénoménale de créatures hautes en couleur, qui sont menacées par l'accroissement de la population en Indonésie, le cinquième pays le plus peuplé au monde. L'île volcanique de Manado Tua s'élève au-dessus de l'eau tel un chapeau melon *(ci-dessus)*, tandis que des pêcheurs parcourent la mer à bord de leurs pirogues. Les nombreux habitants des côtes exploitent abusivement les récifs de corail qui, bien qu'ils abritent un nombre élevé de coraux aux couleurs chatoyantes, n'ont pas tellement de ressources à offrir aux pêcheurs. Ces derniers ont de plus en plus recours à des méthodes de pêche dévastatrices, telles que la pêche au cyanure ou à la dynamite, qui détruisent toute la vie marine. Provisoirement en sécurité, un poisson-ange bicolore *(ci-contre, en haut)* broute les coraux, tandis qu'une petite crevette nettoie les impuretés sur le bras d'une étoile de mer *(ci-contre, en bas)*. *Photos : David Doubilet*

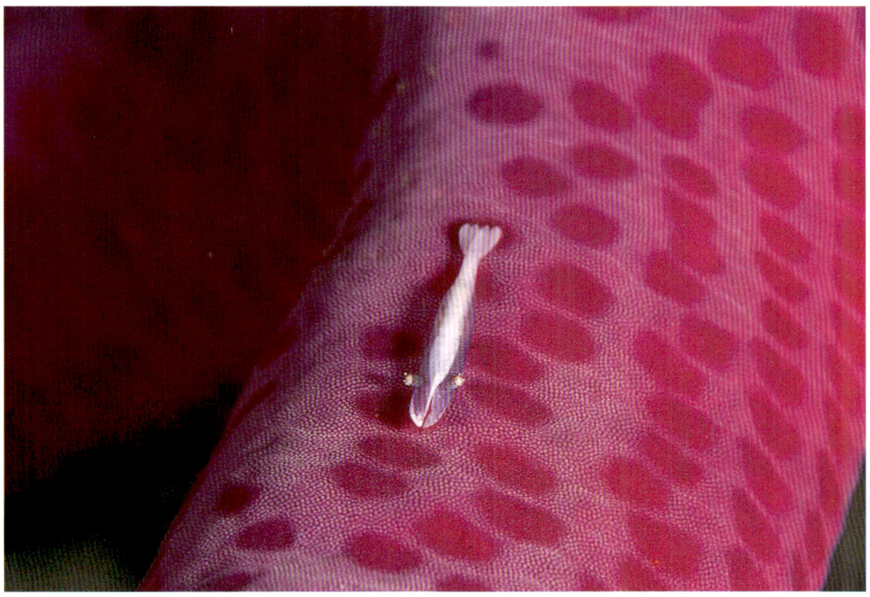

PALAU : *Écorégion 211 des Global 200.* Au nord-ouest de l'Indonésie, ce sont des êtres vivants qui façonnent les roches : ici, des éponges marines perforent le récif de corail fossile sur lequel reposent les îles, favorisant leur érosion par les vagues. La plongeuse Kelly Ward nage sous un promontoire de corail fossile qui semble prêt à s'envoler *(ci-contre)*. Au moins 300 espèces de coraux prospèrent dans l'archipel de Palau qui s'étire sur près de 150 kilomètres, créant une infinité de milieux rocheux où abondent les poissons, les crustacés et les mollusques. Lorsque les coraux meurent, seuls subsistent les endosquelettes en calcaire, formant un récif fossile qui se couvre d'un tapis de végétation lorsqu'il est élevé au-dessus du niveau de la mer par des phénomènes géologiques. Dans le Parc national de Seventy Islands *(ci-dessus)*, les sommets de récifs défunts émergent juste au-dessus de la surface de la mer, formant un assemblage d'îlots aux formes géométriques les plus diverses couverts de végétation. *Photos : David Doubilet*

PALAU

Écorégion 211 des Global 200. Hantant un lagon fermé, une méduse *(ci-contre)* longue d'un mètre flotte à la dérive sous un soleil radieux. Entre les sommets de récifs coralliens qui émergent à proximité de certaines îles et la côte de ces dernières se sont créés des lacs d'eau de mer, qui ne sont pas connectés à la mer par des chenaux, mais qui reçoivent l'eau marine s'infiltrant par des tunnels situés sous le récif ou percolant à travers le calcaire. Cette espèce de méduse s'est développée dans de tels milieux très particuliers, et ne se trouve nulle part ailleurs. En l'absence de prédateurs, les méduses ont perdu leurs tentacules venimeux, ce qui permet au Dr William Hamner, un biologiste marin, de nager sans risques en plein milieu d'un banc de ces animaux *(ci-dessus)* dans un lagon appelé le Lac des méduses. Pendant la nuit, les méduses descendent vers le fond du lagon, où elles se nourrissent de bactéries vivant à ces profondeurs, tandis qu'en plein jour elles se laissent remonter à la surface, où les rayons du soleil transforment les bactéries qu'elles ont ingérées en énergie. De véritables communautés se sont développées dans ces lacs extraordinaires : parfois, elles ne comptent que deux espèces, parfois elles sont riches d'une diversité de formes de vie comparable à celle d'un récif de corail. Dans les ténèbres des tunnels sous-marins vivent plusieurs espèces de coraux colorés, qui ne reçoivent jamais la lumière du soleil mais qui se nourrissent des matières nutritives apportées par les marées.

Photos : David Doubilet

PAPOUASIE-NOUVELLE-GUINÉE

Tous les récifs de corail sont des mondes magiques, chacun avec son identité propre. Je serais incapable de dire lequel je préfère, mais je sais que si l'on me demandait quel endroit je souhaiterais explorer plus en détail, ce serait la Papouasie-Nouvelle-Guinée. L'île, qui fait partie des régions tropicales de l'ouest du Pacifique, possède la géographie insulaire la plus complexe au monde : on y trouve des lagons profonds, des récifs abrupts, de même que des volcans immergés.

Imaginez le plus riche des océans côtoyant une des plus grandes îles couvertes de forêt dense. Le résultat de ce mariage entre l'eau et la terre, ce sont les récifs coralliens de la Papouasie-Nouvelle-Guinée. Les nutriments charriés par les rivières aboutissent en mer pour nourrir une profusion de créatures marines.

PAPOUASIE-NOUVELLE-GUINÉE : *Écorégion 210 des Global 200.* Les plus riches de tous les récifs coralliens se situent au sud de l'archipel de Palau, le long de la côte de la Papouasie-Nouvelle-Guinée. Près de l'île de la Nouvelle-Irlande, l'aurore fait apparaître la silhouette d'une gorgone verte que survolent deux poissons-chirurgiens *(ci-contre)*. Le puissant courant qui traverse le détroit de Planet explique la limpidité absolue des eaux de surface, qui crée l'illusion que le corail et les poissons évoluent à la surface de la mer sur un arrière-plan de ciel nuageux. La diversité biologique incomparable que l'on trouve dans ces eaux a pour origine l'abaissement du niveau des océans durant les ères glaciaires. Une multitude d'espèces évoluèrent en vases clos dans d'immenses mers intérieures situées ailleurs, avant de converger vers la Papouasie-Nouvelle-Guinée lorsque le niveau des océans s'éleva à nouveau. *Photo : David Doubilet*

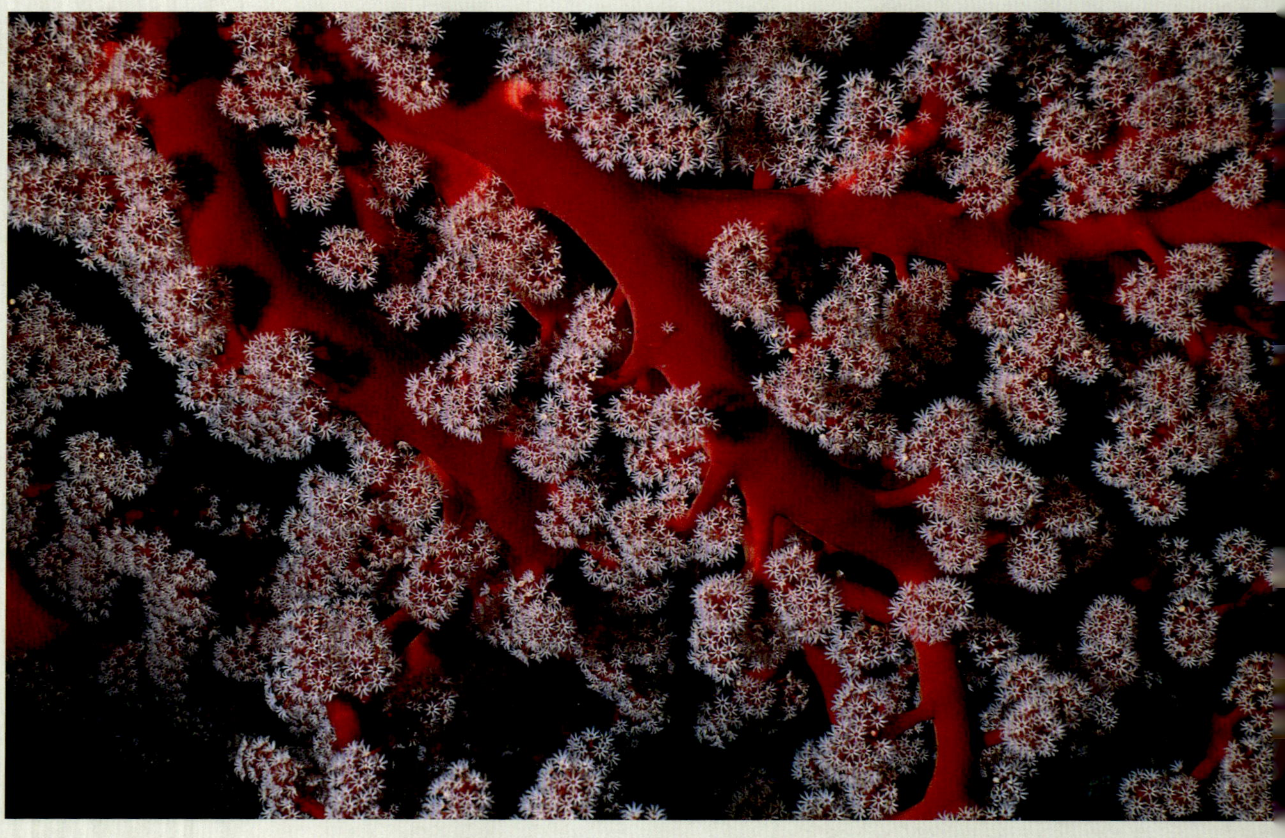

Les eaux sont dignes du paradis, et la variété des formes de vie phénoménale. Dix-sept espèces de poissons-clowns vivent au milieu des tentacules venimeux des anémones, à l'abri des prédateurs. On y trouve une vingtaine d'espèces de poissons-papillons, et une quinzaine d'espèces de mérous au lieu des six habituellement présentes dans les autres mers chaudes. Les récifs de la Papouasie-Nouvelle-Guinée sont bien plus qu'une simple mosaïque vivante : ce sont des milieux infiniment complexes, des appartements garnis dans la plus étourdissante opulence.

L'énorme variété de poissons trouve son origine dans l'histoire géologique de la région. La Papouasie-Nouvelle-Guinée est située à l'extrémité occidentale de la Ceinture de Feu, une des régions du monde où le volcanisme est le plus actif. C'est cette activité des volcans qui a créé d'énormes dépressions sur le fond de la mer. Au cours des différentes ères glaciaires qu'a connues notre planète, le niveau des mers s'abaissa considérablement : ces dépressions se transformèrent de la sorte en une série de mers intérieures, dans lesquelles évoluèrent toute une série d'espèces particulières. Lorsque le niveau des océans s'éleva à nouveau, ces espèces purent s'étendre vers de nouveaux territoires sous-marins et finirent par se rencontrer près de la Papouasie-Nouvelle-Guinée, là où la rencontre entre les plus grands océans du monde favorise la profusion de nourriture.

L'extraordinaire créativité de la nature a donné naissance à des formes de vie extraordinaires : des poissons dont la peau ressemble à un échiquier, et d'autres qui ressemblent à des maillots. Les récifs coralliens sont les joyaux des océans, et les récifs intacts de la Papouasie-Nouvelle-Guinée sont les plus riches de tous.

PAPOUASIE-NOUVELLE-GUINÉE : *Écorégion 210 des Global 200.* Un gobie quasi transparent *(ci-dessous)* tente de se dissimuler le long d'une branche verticale d'une gorgone, une parmi les centaines d'espèces de coraux qui vivent dans ces eaux particulièrement remarquables pour leur diversité. Lorsqu'ils sont déployés, les polypes de ces gorgones forment des bouquets se détachant de la base plus sombre du corail *(ci-contre)*.
Photos : David Doubilet

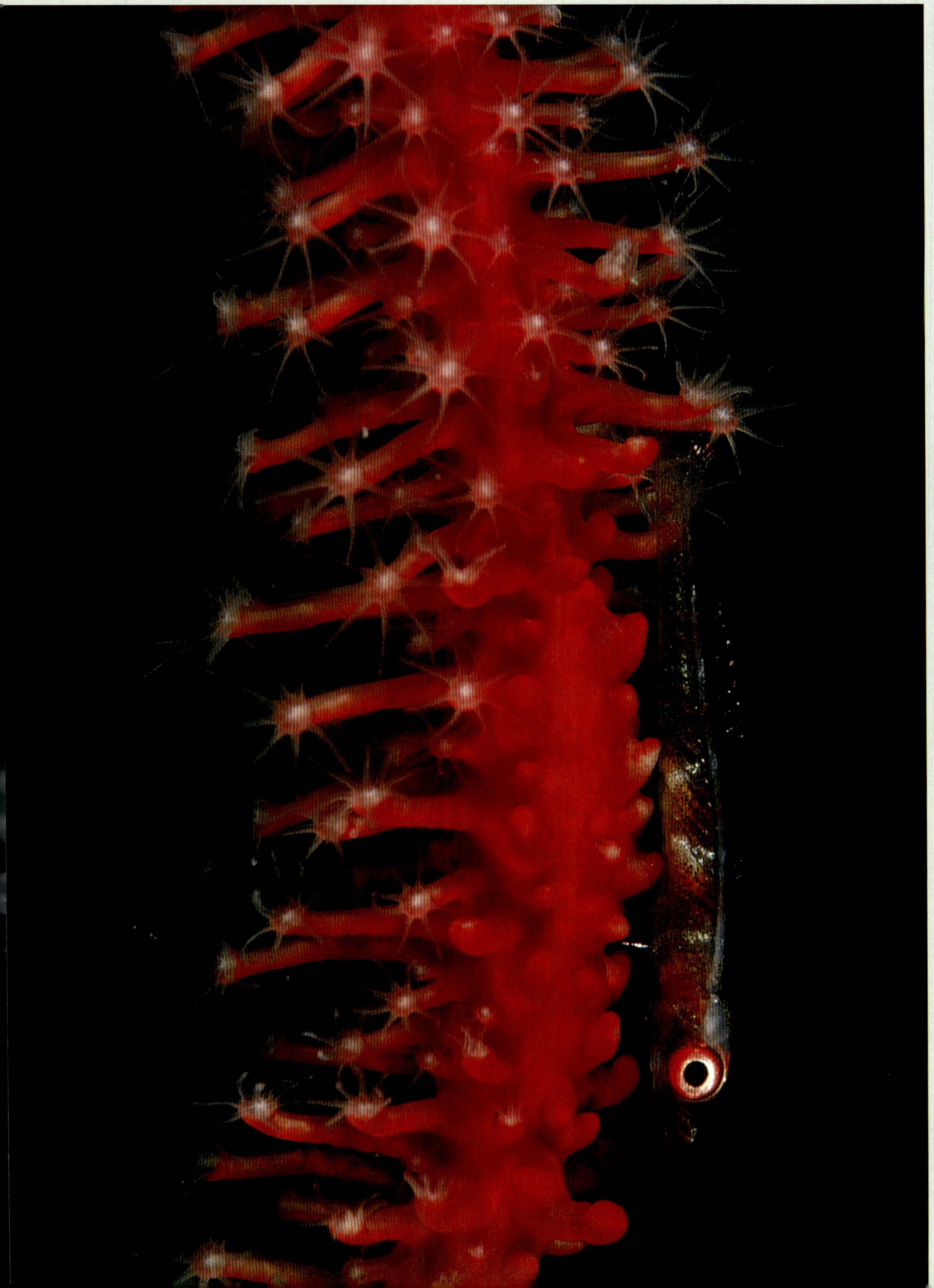

PAPOUASIE-NOUVELLE-GUINÉE : *Écorégion 210 des Global 200.* Poisson ou corail ? Les petites proies consommées par ce poisson-scorpion ne le découvrent que trop tard, après avoir été capturées par ce prédateur au camouflage parfait *(ci-dessus)*. Malheur aussi au plongeur qui entre en contact avec les épines venimeuses dont sont pourvues les nageoires dorsales et anales du poisson-scorpion, et qui justifient pleinement le nom qu'on lui a donné. Se servant lui aussi de son camouflage, un petit gobie *(ci-contre, en bas)* se confond à la perfection avec les dessins de l'éponge sur laquelle il s'est posé, et qu'il débarrasse des parasites qui la recouvrent. Les narines extraordinairement développées de cette murène jaune et bleu *(ci-contre, en haut)* lui signalent l'approche d'un prédateur ou d'une proie. *Photos : David Doubilet*

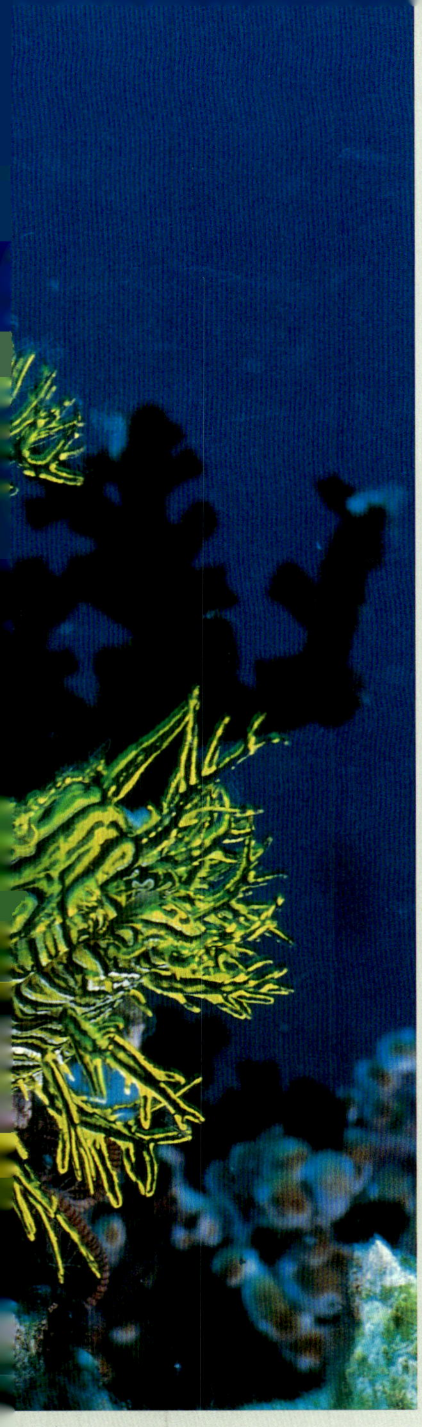

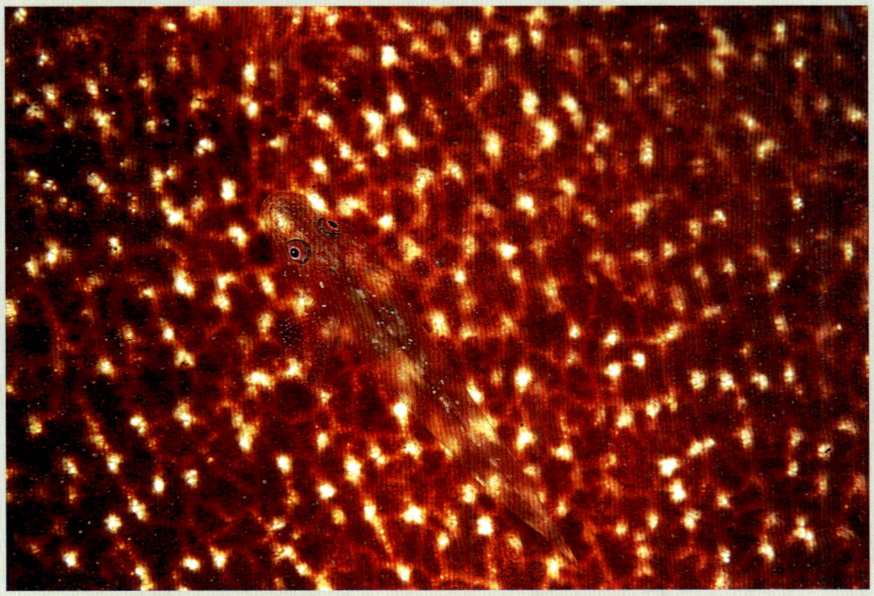

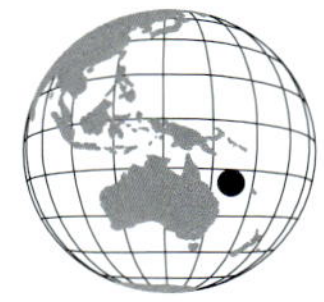

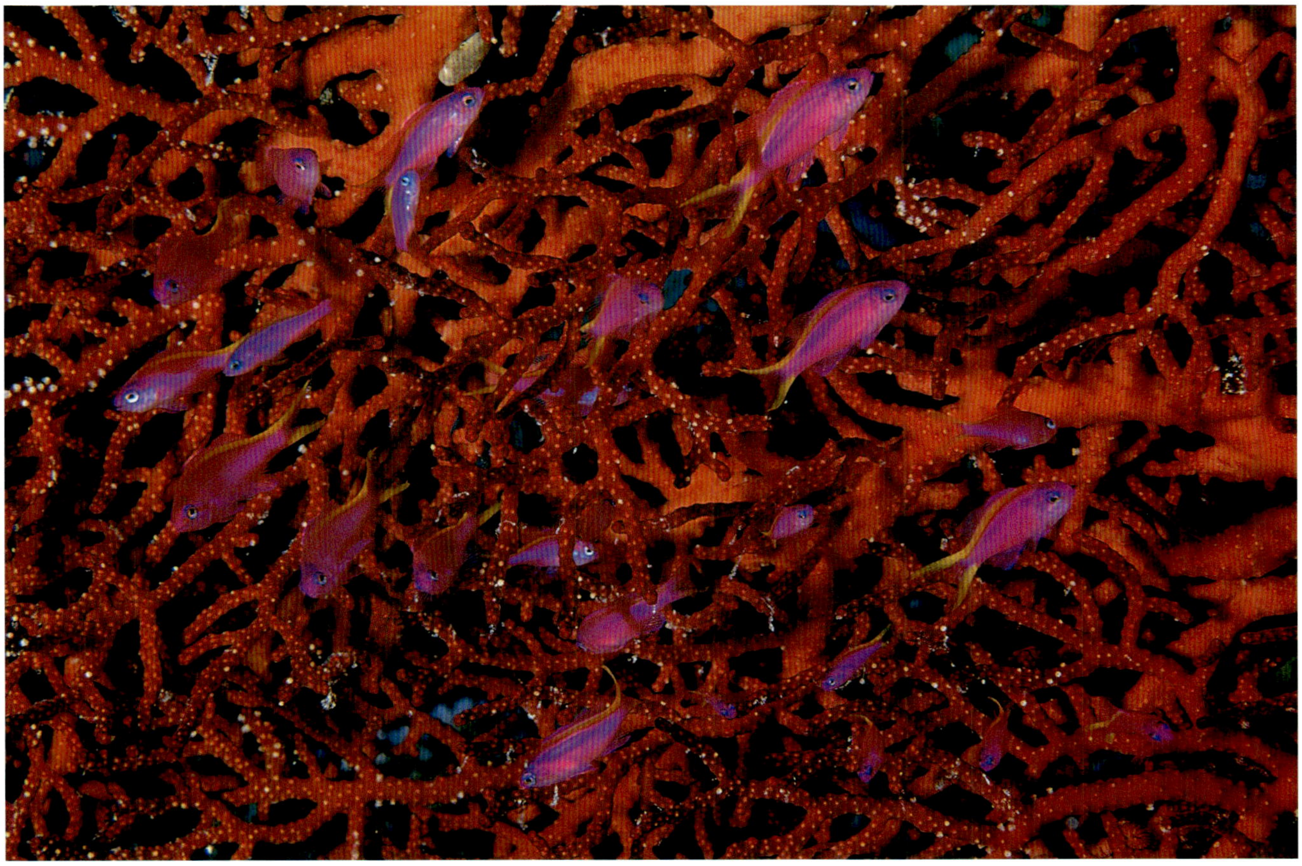

CÔTE AUSTRALIENNE

Écorégion 214 des Global 200. Plus loin vers le sud, le long de la côte est de l'Australie, s'étend le plus long récif corallien du monde, la Grande Barrière. Il ne s'agit pas d'un immense récif d'une seule pièce, puisqu'il est parcouru par de nombreux chenaux et passages vers la mer tout au long de ses quelque 2000 kilomètres, depuis la pointe du cap York jusque dans l'État du Queensland. Telle une rivière dans la mer, un long chenal profond sépare les récifs de Hook et Hardy, les plus spectaculaires de toute la Grande Barrière, situés à faible distance au large de l'île Hamilton *(ci-contre)*. Un petit banc de barbiers *(ci-dessus)* évolue entre les branches de gorgones. Un grand requin blanc de cinq mètres de long *(pages suivantes)* croise dans les eaux plus froides du sud de l'Australie, à proximité du Dangerous Reef (le « récif des dangers »), qui porte bien son nom. Le requin se nourrit principalement de lions de mer. Pris par les pêcheurs sportifs, abattus par les pêcheurs de homards et les thoniers, les grands requins blancs ne comptent pas d'amis parmi les hommes, si ce n'est les quelques conservateurs de la nature qui se préoccupent de la survie de cette espèce, la plus spectaculaire des requins.

Photos : David Doubilet

SUD DE L'AUSTRALIE : *Écorégion 232 des Global 200*. Ces rochers de calcaire façonnés par les brisants et connus sous le nom des Douze Apôtres *(ci-dessus)* reçoivent la bénédiction du soleil couchant près de la frontière de l'État de Victoria. Dans cette région, sur le bord de la large plate-forme continentale, les eaux froides des profondeurs se mélangent aux eaux plus chaudes, ce qui permet à une multitude de créatures plus typiques des eaux peu profondes d'y prospérer. Parmi celles-ci on trouve les dragons de mer *(ci-contre, en haut et en bas)*, longs d'une trentaine de centimètres, avec leurs appendices qui leur donnent l'allure d'un cheval volant sorti droit d'une fable ou d'un personnage sorti d'une bande dessinée pour enfants, et que l'on croirait prêt à cracher du feu par les narines. Ces deux animaux sont de lointains parents des hippocampes. *Photos : David Doubilet*

CENTRE DE L'AUSTRALIE

Écorégion 137 des Global 200. Le sable et les rochers de couleur rouge caractérisent l'intérieur aride de l'Australie *(ci-contre)*, un milieu inhospitalier où seuls les plus résistants des animaux – et des hommes – parviennent à survivre. Parmi les animaux de ces régions, qui ont réussi à tirer parti de cet environnement pauvre sans l'endommager, on trouve le kangourou roux *(ci-dessus)*, un des nombreux marsupiaux typiques de l'Australie. L'Australie héberge la majorité de ces mammifères étonnants, qui mettent au monde prématurément leur petit. Celui-ci continue son développement bien à l'abri dans une poche située dans l'abdomen de sa mère.
Photos : Frans Lanting

TASMANIE, AUSTRALIE: *Écorégion 71 des Global 200.* Lorsque le Gondwana, le super-continent originel, se décomposa il y a 130 millions d'années, l'Australie, qui en faisait partie, dériva complètement isolée pendant près de 65 millions d'années. C'est pendant cette période que se développa la faune de ses marsupiaux. L'État insulaire de la Tasmanie, le plus méridional de l'Australie, devint une sorte d'Arche de Noé pour toute une série d'espèces qui s'y retranchèrent après que l'élévation du niveau des océans l'eut séparé du reste de l'Australie. Le wombat de Tasmanie *(ci-contre, en haut)*, un marsupial qui vit dans des terriers et n'en sort que durant la nuit, est un de ces survivants. Le wombat sert de proie au diable de Tasmanie *(ci-contre, en bas)*, un marsupial prédateur aux apparences de canidé. Les longues feuilles effilées du *Dracophyllum (ci-dessus)* servent de preuve à l'existence du Gondwana, à une époque très lointaine. Des feuilles de plantes fossiles étroitement apparentées au Dracophyllum ont en effet été trouvées en Australie, en Nouvelle-Zélande, en Afrique, en Antarctique et en Inde, prouvant que toutes ces parties du monde proviennent d'une seule et même masse continentale gigantesque. *Photos : Galen Rowell*

ÎLE DE LORD HOWE : *Écorégion 216 des Global 200*. À l'est de l'Australie, des demoiselles, des labres et des sergents-majors évoluent ensemble juste sous la surface de la mer *(ci-contre, en haut)*, à faible distance d'un bout de terre volcanique isolé dans le Pacifique sud. À cet endroit, les courants chauds venant de l'équateur ont permis le développement du récif corallien le plus méridional au monde, en bordure même de la mer de Tasmanie aux eaux nettement plus fraîches. Créature bleue dans un monde bleu, un labre passe rapidement *(ci-contre, en bas)*. *Photos : David Doubilet*

POLYNÉSIE FRANÇAISE : *Écorégion 215 des Global 200*. Ce requin à aileron noir *(ci-dessus)* se trouve à la limite de son aire de répartition en Polynésie française, un chapelet d'îles d'origine volcanique qui s'étire dans le Pacifique sud. En maraude dans les eaux peu profondes d'un lagon bordant l'île de Rangiroa, la plus grande de l'archipel, ce requin n'hésite pas à poursuivre ses proies jusque dans les eaux très peu profondes où celles-ci avaient cherché refuge, à tel point que son dos est parfois complètement émergé. *Photo : David Doubilet*

POLYNÉSIE FRANÇAISE : *Écorégion 215 des Global 200.* Leur image renvoyée par la surface de l'eau, de jeunes tortues vertes fraîchement écloses, et qui ne mesurent que quelques centimètres de longueur, nagent frénétiquement à travers les eaux limpides d'un lagon à Marutea. La présence de ces animaux témoigne du bon état de santé de la mer. Quantités de prédateurs guettent les minuscules tortues qui traversent le récif de corail pour gagner la haute mer. Les femelles qui ont survécu reviendront des années plus tard pour pondre leurs œufs dans le sable des plages. Cet instinct reproducteur est aujourd'hui de plus en plus perturbé suite à l'urbanisation des côtes. Les mâles ne reviennent jamais sur la terre ferme durant toute leur vie. *Photo : David Doubilet*

« Chaque espèce de la création occupe la place qu'elle devait occuper. »

– CHARLES DARWIN

ÎLES HAWAII, ÉTATS-UNIS

Écorégion 53 des Global 200. À des milliers de kilomètres au nord de la Polynésie française, le volcan Waialeale *(ci-contre)*, qui domine l'île de Kauai, a couvert d'un manteau de végétation ses flancs profondément érodés par les pluies abondantes. La vie arriva sur l'archipel de Hawaii, perdu dans les immensités du Pacifique à quelque 4000 kilomètres du continent le plus proche, grâce aux oiseaux venus des airs, aux graines apportées par le vent ou à des débris de végétation ayant résisté au long voyage à travers les mers. Toutes les espèces qui réussirent à prendre pied sur les îles purent s'y développer à profusion… jusqu'à l'arrivée de l'homme, il y a environ 1500 ans. Celui-ci amena avec lui des plantes qui entrèrent en concurrence avec la végétation endémique, ainsi que toute une série d'animaux qui envahirent l'archipel. Les îles Hawaii ont perdu plus d'espèces que l'Amérique du Nord tout entière. Les feuilles de l'apé apé *(ci-dessus, en haut)*, une plante endémique, peuvent atteindre une largeur d'un mètre : elles servent utilement de parapluie de fortune pendant les averses. Les marais couverts de végétation dense *(ci-dessus, en bas)* ont attiré cette échasse blanche de passage.

Photos : Frans Lanting

ÎLES SOUS LE VENT, ARCHIPEL DE HAWAII, ÉTATS-UNIS : *Écorégion 215 des Global 200.* Les premières leçons de vol à voile consistent, pour ces jeunes albatros de Leysan *(ci-contre)*, à étendre les ailes pour sentir le vent les emporter. À l'âge adulte, ils effectueront de longs voyages dans le Pacifique nord, avant de revenir vers l'endroit qui les a vus naître, de petits bouts de terre plane créés par les mêmes forces volcaniques qui ont sculpté les grandes îles de l'archipel de Hawaii. Après avoir déposé ses œufs dans le sable d'une plage, cette tortue verte quitte une des îles sous le vent les plus anciennes et les plus érodées de l'archipel *(ci-dessus)*. *Photos : Frans Lanting*

ÎLES HAWAII, ÉTATS-UNIS

Écorégion 53 des Global 200. Prodigieux exemple des merveilles produites dans ce grand laboratoire de l'évolution qu'est Hawaii, ce sabre d'argent *(ci-contre)* parvient à s'accrocher dans un paysage austère à quelque 3300 mètres d'altitude. Les graines de cette lointaine descendante d'une espèce de... marguerite américaine arrivèrent probablement à Hawaii accrochées dans le plumage d'un oiseau. La plante faillit disparaître sous l'action des chèvres et de visiteurs peu respectueux ; heureusement, elle bénéficie aujourd'hui d'une protection stricte et se propage à nouveau. Les espèces introduites par l'homme éradiquèrent entre autres la plupart des espèces apparentées aux sucriers tel cet iwi *(ci-dessus)*, dont le bec incurvé est spécialement adapté pour atteindre le nectar de cette lobélie dont les corolles ont exactement la même forme. Plus d'une centaine d'espèces différentes évoluèrent à partir d'une seule et même espèce qui arriva sur les îles Hawaii, probablement par hasard. La malaria avienne, transmise par les moustiques introduits par l'homme, a eu des effets dévastateurs sur l'avifaune de l'archipel.

Photos : Frans Lanting

ÎLES HAWAIIENNES SOUS LE VENT, ARCHIPEL DE HAWAII, ÉTATS-UNIS : *Écorégion 53 des Global 200*. Cette plage d'une des îles sous le vent de l'archipel de Hawaii constitue un des ultimes refuges de ce phoque moine femelle et de son nouveau-né *(ci-dessus)*. Le phoque moine, un des pinnipèdes les plus primitifs auquel manquent les grandes pattes des autres espèces de phoques, est un des animaux les plus menacés de la planète. On trouve également quelques populations de phoques moines en Méditerranée, elles aussi gravement menacées. *Photo : Frans Lanting*

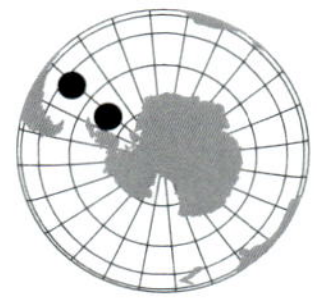

« Là-bas, la nature éclatait dans toute sa splendeur… plus sauvage que dans n'importe quel pays de notre planète, elle demeure vierge. » – ROALD AMUNDSEN

ANTARCTIQUE

Écorégion 233 des Global 200. Aux confins de l'hémisphère Sud s'étend une des terres les plus inhospitalières au monde, un univers glacé. Des espèces animales et végétales se sont pourtant adaptées aux rudes conditions locales. C'est le cas du manchot empereur *(ci-contre)*. Durant la parade nuptiale, un couple de manchots hoche la tête et produit des sons flûtés, qui resserrent les liens entre les deux individus. Les manchots nichent en colonies rassemblant des milliers d'individus. Après leurs longues errances en mer où ils se nourrissent, chaque oiseau retrouve infailliblement son partenaire grâce aux modulations particulières de son cri. Les deux seules plantes à fleurs que l'on trouve sur le continent Antarctique sont la sagine antarctique et la canche antarctique *(ci-dessus, en haut)*. Les deux plantes se partagent la même niche fertile juste au-dessus de la laisse de haute mer. Pour que ces plantes survivent, diverses conditions doivent être réunies : elles ont besoin d'eau fraîche, provenant des glaciers, et d'endroits abrités du vent et exposés au soleil. Sur les îles subantarctiques, où les conditions de vie sont un rien moins rudes, des manchots royaux *(ci-dessus, en bas)* se répandent dans la toundra de la plaine de Salisbury, sur une île de la Géorgie du Sud.

Photos : Galen Rowell

ANTARCTIQUE: *Écorégion 233 des Global 200.* Un vol de damiers du Cap *(ci-dessus)* passe en trombe devant un iceberg près de la pointe de la péninsule Antarctique. Lointains parents des albatros, les pétrels sont comme eux des spécialistes des grandes errances océaniques. Leurs vagabondages les conduisent aux quatre coins de l'Antarctique, mais ils remontent également vers le nord, parfois jusque sous les tropiques. Luttant contre le blizzard, un pétrel solitaire *(ci-contre, en haut)* présente les dessins de ses ailes, qui reproduisent à merveille la surface de la mer parsemée des crêtes blanches des vagues. Vu de dessous, le pétrel se confond admirablement avec le ciel grâce à son plumage gris. Amicales envers les humains mais extrêmement dangereuses pour les manchots et les phoques, des orques *(ci-contre, en bas)* croisent dans les eaux côtières glaciales de Paradise Bay. En Géorgie du Sud, une rivière se fraie un chemin à travers une véritable « forêt » de manchots royaux *(pages suivantes)*. La colonie regroupe environ 200 000 oiseaux. Leur cohabitation paisible, tout comme celle qui prévaut chez les manchots empereurs qui nichent dans les ténèbres du plein été austral, devrait nous servir d'exemple pour une coexistence pacifique dans un monde de plus en plus surpeuplé. *Photos : Galen Rowell*

Remerciements

David Doubilet souhaite remercier particulièrement les personnes suivantes pour leur précieuse aide et leur prise de conscience en matière de protection de la nature : sa femme Anne et sa fille Emily ; Koji et Miyuki Nakamura au Japon ; Yves Lefevre en Polynésie française ; Gary Bell en Australie, en Tasmanie et en Nouvelle-Zélande ; le docteur Gerard Wellington et Mauricio Handler dans les îles Galápagos ; David Fridman dans la zone de la Mer Rouge ; Jay Ireland dans les îles Cayman.

Frans Lanting aimerait remercier les personnes et organismes suivants pour leur aide et leur collaboration : Garo Batmanian, Mauro Giuntini, et l'équipe du WWF-Brésil ; Cleber Alho ; Denise Marçal Rambaldi et la Associação Mico-Leao-Dourado ; Reserva Biologica de Poco das Antas ; Eduardo Marcelino Ventura Veado, Jairo Vieira Gomes, et l'équipe de la Estação Biologica de Caratinga à Fazenda Montes Claros ; Marta Leitman et l'équipe du Jardim Botanico do Rio de Janeiro ; Fernando Dutra ; Raquel Werneck ; Parque Nacional Serra dos Orgãos ; Zalmio Cubas et l'équipe du Parque das Aves ; Julio Gonchorosky et l'équipe du Parque Nacional do Iguaçu ; Paulo Martins et Helisul ; l'équipe de Frans Lanting Inc. Il remercie tout particulièrement Mark Oatney et remercie personnellement Christine Eckstrom.

Galen Rowell souhaite remercier Bruce Bunting et Mingma Norbu Sherpa du WWF-USA ; Al Read, Jim Sano, Ang Tsering et l'équipe de Geographic Expeditions ; Ervin et Elena Skalamera ; Bill Abbott, Ray Rodney, Jonathan Green et l'équipe de Wilderness Travel ; Luis Chard de Turismo Yamana, Chili ; Rick Cook, Shannon Estanoz, Joe Lamonoco et R.W. Freer de Everglades Outpost dans les Everglades, Floride ; Tundra Tom Faess, Terry Elliott et Dwayne Roberge dans les Territoires du Nord-ouest, Canada ; Eric Grandison de la tribu des Nisga'a en Colombie britannique ; Dave Cline et Margaret Williams du WWF-Mer de Béring en Alaska ; Jerry Grossman, Sharon Lebowitz et Richard LoPinto de Nikon ; Ryan Baldwin, Gary Crabbe, Chesley Crowell et Barry Sundermeier de Mountain Light Photography, et surtout son associée et compagne lors de nombreuses expéditions dans les Global 200, sa femme Barbara Cushman Rowell.

Les GLOBAL 200 écorégions

Les écorégions terrestres

Forêts de feuillus tropicales et subtropicales humides

Néotropicales

1. Forêts humides des Grandes Antilles : Haïti, Cuba, République Dominicaine, Jamaïque, Porto Rico
2. Forêts de la cordillère de Talamanca et de l'isthme de Panamá : Costa Rica, Panamá
3. Forêts humides de Chocó et de Darién : Colombie, Panamá, Équateur
4. Forêts de montagnes des Andes septentrionales : Équateur, Colombie, Venezuela, Pérou
5. Forêts de montagne de la côte du Venezuela : Venezuela
6. Forêts humides guyanaises : Guyana, Surinam, Guyane française, Brésil, Venezuela
7. Forêts humides du Napo : Équateur, Colombie, Pérou
8. Forêts humides du Rio Negro et du Rio Juruá : Colombie, Brésil, Pérou, Venezuela
9. Forêts humides des hauts plateaux guyanais : Guyane, Venezuela, Brésil
10. Forêts inondées de Varzea : Pérou, Brésil, Venezuela, Équateur, Colombie
11. Yungas des Andes : Équateur, Colombie, Venezuela, Bolivie, Pérou, Argentine
12. Forêts humides du sud-ouest de l'Amazonie : Pérou, Brésil, Bolivie
13. Forêts atlantiques : Brésil, Paraguay, Argentine

Afrotropicales

14. Forêts humides guinéennes : Ghana, Guinée, Côte d'Ivoire, Liberia, Sierra Leone, Togo, Bénin
15. Forêts côtières congolaises : Cameroun, Gabon, Congo-Brazzaville, Nigeria, Bénin, République démocratique du Congo
16. Forêts des îles du Golfe de Guinée : Sao Tomé et Principé, Guinée équatoriale
17. Forêts de l'ouest du bassin du Congo : République centrafricaine, Cameroun, Congo-Brazzaville
18. Forêts du nord-est du bassin du Congo : République démocratique du Congo, République centrafricaine, Soudan
19. Forêts du sud du bassin du Congo : République démocratique du Congo, Congo-Brazzaville, Angola
20. Forêts de montagne de l'Afrique de l'Est : Kenya, Tanzanie
21. Forêts de montagne du Grand Rift est-africain : République démocratique du Congo, Rwanda, Ouganda, Burundi, Tanzanie
22. Forêts de montagne : Angola
23. Forêts côtières de l'est de l'Afrique : Tanzanie, Kenya, Mozambique, Somalie
24. Forêts de montagne de l'Arc oriental : Tanzanie, Kenya
25. Forêts humides malgaches : Madagascar

Indo-Malaises

26. Forêts humides du sud-ouest des Ghats : Inde
27. Forêts humides sri lankaises : Sri Lanka
28. Forêts humides subtropicales du nord de l'Indochine : Myanmar, Thaïlande, Laos
29. Forêts subtropicales du sud-est de la Chine : Chine
30. Forêts de montagne de Taïwan : Taïwan
31. Forêts humides de la cordillère anamitique : Laos, Vietnam, Thaïlande
32. Forêts de l'île Hainan : Chine
33. Forêts des îles Andaman : Inde
34. Forêts de plaine des îles de Sumatra et Nicobar : Indonésie, Inde
35. Forêts humides philippines : Philippines
36. Forêts de montagne des îles de Sumatra : Indonésie
37. Forêts humides du Kayah, de Karen et de Tenessarim : Thaïlande, Myanmar, Malaisie
38. Forêts de plaine et de montagne de la Malaisie péninsulaire : Malaisie, Thaïlande
39. Forêts humides de Bornéo et de Kalimantan : Indonésie, Malaisie
40. Forêts humides de Bornéo et de Palawan : Malaisie, Indonésie, Philippines, Brunei
41. Forêts de montagne du centre de Bornéo : Indonésie, Malaisie
42. Forêts humides des Célèbes : Indonésie
43. Forêts humides des Moluques : Indonésie
44. Forêts de l'archipel de Nansei Shoto : Japon

Australasie

45. Forêts de plaine de la Nouvelle-Guinée : Papouasie-Nouvelle-Guinée, Indonésie
46. Forêts de montagne de la Nouvelle-Guinée : Papouasie-Nouvelle-Guinée, Indonésie
47. Forêts humides des îles de la Nouvelle-Guinée et des îles Salomon : Papouasie-Nouvelle-Guinée
48. Forêts tropicales du Queensland : Australie
49. Forêts humides de Nouvelle-Calédonie : Nouvelle-Calédonie (France)
50. Forêts des îles de Lord Howe et Norfolk : Australie
51. Forêts tropicales de Nouvelle-Zélande : Nouvelle-Zélande

Océanie

52. Forêts des îles du Pacifique Sud : îles Fidji, Samoa, Tonga
53. Forêts humides des îles Hawaii : États-Unis

Forêts de feuillus tropicales et subtropicales sèches

Néotropicales

54. Forêts sèches du sud du Mexique : Mexique
55. Forêts sèches de Tumbes et des vallées du nord des Andes : Équateur, Pérou, Colombie
56. Forêts sèches des plaines boliviennes : Bolivie, Brésil

Afrotropicales

57. Forêts macaronésiennes : Açores (Portugal), Madère (Portugal), îles Canaries (Espagne), îles du Cap-Vert, Ste-Hélène, Ascension (GB)
58. Forêts sèches de Madagascar : Madagascar

Indo-Malaises

59. Forêts de moussons de l'est de l'Inde : Inde
60. Forêts sèches et forêts de moussons de l'est de l'Indochine : Vietnam, Laos, Thaïlande, Cambodge
61. Forêts sèches et forêts de moussons des Petites Îles de la Sonde : Indonésie
62. Forêts sèches de Nouvelle-Calédonie : Nouvelle-Calédonie (France)

Océanie

63. Forêts sèches de Hawaii : États-Unis

Forêts de feuillus et forêts mixtes tempérées

Néarctiques

64. Forêts des Appalaches et forêts mésophytes mixtes : États-Unis

Paléarctiques

65. Forêts tempérées du centre de la Chine : Chine
66. Forêts tempérées de l'Extrême-Orient russe : Russie, Chine
67. Forêts de feuillus et de conifères de l'Himalaya oriental : Bhutan, Inde, Népal, Myanmar, Chine
68. Forêts tempérées de l'Himalaya occidental: Pakistan, Inde, Népal

Indo-Malaises

69. Forêts de coteaux du nord-est de l'Inde et de Myanmar : Inde, Myanmar

Australasie

70. Forêts tempérées de l'Australie orientale : Australie
71. Forêts pluviales tempérées de Tasmanie : Australie
72. Forêts pluviales tempérées de l'île du Sud : Nouvelle-Zélande

Forêts de conifères tempérées

Néarctiques

73. Forêts pluviales tempérées de la côte du Pacifique : États-Unis, Canada
74. Forêts de conifères des monts Klamath et Siskiyou : États-Unis
75. Forêts de conifères de la Sierra Nevada : États-Unis
76. Forêts de conifères et de feuillus du sud-est : États-Unis

Néotropicales

77. Forêts pluviales tempérées de Valdivia : Chili, Argentine

Paléarctiques

78. Forêts de montagne du sud de l'Europe : Bulgarie, Grèce, Espagne, Italie, France
79. Forêts tempérées du Caucase et du nord-est de l'Anatolie : Géorgie, Azerbaïdjan, Turquie, Russie, Iran, Arménie
80. Forêts tempérées de montagne et steppes du centre de l'Asie : Kirghizie, Turkménistan, Afghanistan, Ouzbékistan, Kazakhstan, Tadjikistan, Pakistan, Inde, Mongolie, Chine, Iran
81. Forêts de montagne de l'Altaï et du Saän : Russie, Kazakhstan, Mongolie, Chine
82. Forêts de conifères méditerranéennes : Espagne, Italie, Liban, Maroc, Algérie, Grèce, Turquie, Portugal, France

Forêts de conifères tropicales et subtropicales

Néotropicales

83. Forêts de pins et de chênes du Mexique : Mexique, États-Unis
84. Forêts de pins des Grandes Antilles : Haïti, Cuba, République Dominicaine

Forêts boréales et taïga

Néarctiques

85. Forêts boréales du nord de la Cordillère : Canada
86. Taïga boréale canadienne : Canada

Paléarctiques

87. Toundra et taïgas alpines scandinaves : Norvège, Suède, Finlande
88. Forêts boréales et taïgas des chaînes des monts de l'Oural : Russie
89. Forêts boréales et taïgas du centre et de l'est de la Sibérie : Russie
90. Taïgas et prairies boréales du Kamchatka : Russie

Prairies, savanes et steppes arbustives tropicales et subtropicales

Néotropicales

91. Savanes des llanos : Venezuela, Colombie
92. Steppes arbustives et savanes du cerrado : Brésil, Bolivie, Paraguay

Afrotropicales

93. Savanes soudanaises : République centrafricaine, Tchad, Ouganda, Éthiopie, République démocratique du Congo, Cameroun, Soudan, Nigeria, Érythrée
94. Savanes à acacias de la Corne de l'Afrique : Kenya, Somalie, Éthiopie, Érythrée, Soudan
95. Savanes à acacias de l'Afrique de l'Est : Kenya, Tanzanie, Soudan, Éthiopie, Ouganda
96. Forêt à mopane et miombo du centre et de l'est : Swaziland, Afrique du Sud, Zimbabwe, Botswana, Mozambique, Zambie, Tanzanie, Burundi, République démocratique du Congo, Angola, Malawi, Namibie

Indo-Malaises

97. Savanes et prairies du Teraï et du Duar : Népal, Inde, Bhutan

Australasie

98. Savanes du nord de l'Australie, du Trans et du Fly : Australie, Papouasie-Nouvelle-Guinée, Indonésie

Prairies, savanes et steppes arbustives tempérées

Néarctiques

99. Prairie du Nord : États-Unis

Néotropicales

100. Steppes et prairies de Patagonie : Argentine, Chili

Paléarctiques

101. Steppe de Daurija : Mongolie, Russie, Chine

Prairies et savanes inondables

Néotropicales

102. Prairies inondées des Everglades : États-Unis
103. Savanes inondées du Pantanal : Bolivie, Brésil, Paraguay

Afrotropicales

104. Savanes inondées du Sahel : Mali, Tchad, Niger, Nigeria, Cameroun, Sénégal, Mauritanie, Soudan, Éthiopie
105. Savanes inondées du Zambèze : Botswana, Namibie, Angola, Zambie, Malawi, Mozambique

Prairies de montagne

Néotropicales

106. Paramo du nord des Andes : Équateur, Venezuela, Colombie, Pérou

Afrotropicales

107. Hauts plateaux d'Ethiopie: Éthiopie, Somalie, Érythrée, Soudan
108. Forêts de montagne du sud du grand Rift africain : Malawi, Zimbabwe. Mozambique
109. Steppes arbustives de l'Escarpment Angolais : Angola
110. Terrains tourbeux d'Afrique de l'Est : Kenya, Tanzanie, Ouganda, République démocratique du Congo, Rwanda
111. Maquis de montagne de la Drakensberg : Afrique du Sud, Lesotho, Swaziland

Indo-Malaises

112. Prairies alpines de l'est de l'Himalaya : Bhutan, Népal, Inde, Myanmar, Chine
113. Maquis de montagne du mont Kinabalu : Malaisie

Paléarctiques

114. Steppe tibétaine : Chine, Inde

Toundra

Néarctique et paléarctique

115. Toundra côtière du versant nord de l'Alaska : États-Unis, Canada
116. Toundra arctique canadienne : Canada
117. Toundra de Taymir : Russie
118. Toundra côtière des Tchouktches : Russie

Maquis et forêts méditerranéennes

Néotropicales

119. Forêts et Chaparral de Californie : États-Unis, Mexique
120. Matorral du Chili : Chili

Paléarctiques
121. Maquis et forêts méditerranéennes : Portugal, Espagne, Italie, Monaco, Grèce, Yougoslavie, Bosnie-Herzégovine, Croatie, Albanie, Turquie, Libye, Liban, Israël, Maroc, Algérie, Tunisie, Malte, Chypre, Macédoine, Bulgarie, Égypte
Afrotropicales
122. Fynbos : Afrique du Sud
Australasie
123. Maquis et forêts du sud-ouest de l'Australie : Australie

DÉSERTS ET STEPPES XÉRIQUES
Néotropicales
124. Déserts de Sonora et de Basse-Californie : Mexique, États-Unis
125. Déserts de Chihuahua et de Tehuacan : Mexique, États-Unis
126. Maquis des îles Galápagos : Équateur
127. Désert d'Atacama : Chili
Afrotropicaux
128. Forêts des Seychelles et des Mascareignes : (entre autres) île Maurice, Seychelles, île de la Réunion, Rodrigues
129. Déserts et steppes arbustives du Namib et du Karoo : Afrique du Sud, Namibie
130. Déserts du Kaokoveld : Namibie, Angola
131. Désert de Madagascar : Madagascar
132. Savanes de Haud et de l'Ogaden : Somalie
133. Désert de Socotra : Yémen
Paléarctiques
134. Forêts et maquis de montagnes des hautes plaines de la péninsule Arabique : Émirats arabes unis, Oman, Yémen, Arabie Saoudite
135. Déserts d'Asie centrale : Turkménistan, Kazakhstan, Ouzbékistan, Tadjikistan
Australasie
136. Steppes xériques de Carnarvon : Australie
137. Grands déserts de sable et Central Ranges : Australie, Tasmanie

Les écorégions d'eau douce

RUISSEAUX / COURS D'EAU
Néarctiques
138. Rivières et ruisseaux du Piémont du Mississippi : États-Unis
139. Rivières et ruisseaux du sud-est : États-Unis
140. Rivières et ruisseaux côtiers du nord-ouest du Pacifique : États-Unis
141. Rivières et ruisseaux du Golfe d'Alaska : États-Unis, Canada
Néotropicaux
142. Écosystèmes d'eau douce des hauts plateaux guyanais : Venezuela, Brésil, Guyane, Colombie
143. Rivières des grandes Antilles : Cuba, Jamaïque, Haïti, République Dominicaine, Porto Rico
144. Rivières et ruisseaux du cours supérieur de l'Amazone et de l'Orénoque : Équateur, Venezuela, Colombie, Pérou, Brésil, Bolivie
145. Rivières et ruisseaux du haut Paraná : Brésil, Paraguay, Argentine
Afrotropicaux
146. Rivières et ruisseaux de haute Guinée : Guinée, Sierra Leone, Côte d'Ivoire, Ghana, Liberia, Togo
147. Écosystèmes d'eau douce de Madagascar : Madagascar
148. Rivières et lacs de cratères du golfe de Guinée : Gabon, Guinée équatoriale, Cameroun, Togo, Nigeria, Bénin, Congo-Brazzaville, République démocratique du Congo, République centrafricaine, Ghana
149. Rivières et ruisseaux du bassin du Congo : République démocratique du Congo, Congo-Brazzaville, Angola, République centrafricaine, Zambie
150. Rivières et ruisseaux du Cap : Afrique du Sud
Indo-Malais
151. Rivières et ruisseaux du sud-ouest de Sri Lanka : Sri Lanka
152. Rivières et marais de Sundaland : Malaisie, Indonésie, Brunei
153. Rivières et ruisseaux des Ghâts occidentaux : Inde
Paléarctiques
154. Rivières et ruisseaux des Balkans : Grèce, Italie, Yougoslavie, Bosnie-Herzégovine, Croatie, Albanie, Macédoine, Bulgarie, Slovénie
155. Rivières et ruisseaux de l'Anatolie de l'est : Turquie
156. Rivières et ruisseaux du Xi Jiang : Chine, Vietnam
157. Rivières et marais de l'Extrême-Orient russe : Russie, Chine
Australasie
158. Rivières et ruisseaux de Nouvelle-Guinée : Papouasie-Nouvelle-Guinée, Indonésie
159. Rivières et ruisseaux de Nouvelle-Calédonie : Nouvelle-Calédonie (France)
160. Rivières et ruisseaux de Kimberley : Australie
161. Rivières et ruisseaux du sud-ouest de l'Australie : Australie
162. Rivières et ruisseaux de l'est de l'Australie : Australie

GRANDS FLEUVES
Néarctiques
163. Fleuve Colorado : États-Unis, Mexique
Néotropicales
164. Écosystèmes d'eau douce de Varzea et d'Igapó : Brésil, Pérou, Colombie, Venezuela
165. Rivières et ruisseaux amazoniens de la plaque brésilienne, Brazilian Shield : Brésil, Bolivie
Afrotropicales
166. Fleuve Congo : République démocratique du Congo, Congo-Brazzaville, Angola
Indo-Malaises
167. Mékong et Salouen : Cambodge, Vietnam, Laos, Myanmar, Thaïlande, Chine
168. Fleuve et lacs du Yang Tsé Kiang : Chine

LACS ET BASSINS D'EAU DOUCE ISOLÉS
Néotropicaux
169. Rivière et sources du Chihuahua : Mexique, États-Unis
170. Lacs des hauts plateaux mexicains : Mexique
171. Lacs des Hautes Andes : Chili, Bolivie, Argentine, Pérou
Afrotropicaux
172. Lacs de la vallée du Rift : République démocratique du Congo, Ouganda, Éthiopie, Tanzanie, Kenya, Rwanda, Malawi, Mozambique, Burundi, Zambie
Paléarctiques
173. Lac Baïkal : Russie
174. Lacs et ruisseaux du Yunnan : Chine
175. Lac Biwa : Japon
Indo-Malais
176. Ruisseaux et lacs de Palawan et de Mindanao (lac Lanao) : Philippines
177. Lac Inle : Myanmar
178. Lacs du centre des Célèbes : Indonésie
Australasie
179. Lac Kutubu et Sentani : Papouasie-Nouvelle-Guinée, Indonésie

Les écorégions marines

GRANDS DELTAS, MANGROVES ET ESTUAIRES
Néarctiques
180. Baie de Chesapeake et baie du Delaware : États-Unis
Néotropicaux
181. Mangroves d'Amérique centrale : Belize, Mexique, Honduras, Nicaragua, El Salvador, Panama, Guatemala, Costa Rica
182. Mangroves du golfe de Panamá : Équateur, Panamá, Colombie
183. Mangroves et marécages côtiers de l'Orénoque et de l'Amazone : Venezuela, Trinidad et Tobago, Guyane, Surinam, Guyane française, Brésil
184. Mangroves du Mexique : Mexique
Afrotropicaux
185. Mangroves et zones humides du Sénégal et de la Gambie : Sénégal, Gambie, Guinée, Guinée-Bissau
186. Mangroves côtières guinéo-congolaises : Nigeria, Cameroun, Bénin, Togo, Ghana, Congo-Brazzaville, Côte d'Ivoire, Liberia, Guinée équatoriale, Gabon, Sierra Leone, Angola, Sao Tomé et Principé, République démocratique du Congo
187. Mangroves d'Afrique de l'Est : Kenya, Tanzanie, Somalie, Mozambique
Paléarctiques
188. Delta de la Volga : Russie, Kazakhstan
189. Delta et marais de Mésopotamie : Iraq, Iran, Koweït
190. Delta du Danube : Roumanie, Ukraine, Moldavie
191. Delta de la Lena : Russie
Indo-Malais
192. Mangroves du delta du Mékong : Vietnam, Cambodge
193. Mangroves des Sundarbans : Inde, Bangladesh
194. Mangroves de Sundaland et de l'archipel de l'Indonésie de l'Est : Indonésie
195. Delta de l'Indus et Rann de Kutch : Pakistan, Inde
Australasie
196. Mangroves de Nouvelle-Guinée : Papouasie-Nouvelle-Guinée, Indonésie

RÉCIFS CORALLIENS ET ÉCOSYSTÈMES MARINS ASSOCIÉS
Ouest atlantique
197. Récif méso-américain : Belize, Guatemala, Honduras, Mexique
198. Sud de la mer des Caraïbes : Panamá, Colombie, Venezuela, Trinidad et Tobago, Antilles néerlandaises
199. Grandes Antilles et écosystèmes marins des Bahamas : Jamaïque, Cuba, Haïti, République dominicaine, îles Cayman, Bahamas, États-Unis, Turks et Caicos, Porto Rico
Ouest de l'océan Indien
200. Écosystèmes marins de l'Afrique de l'Est et de Madagascar : Kenya, Tanzanie, Mozambique, Somalie, Madagascar
201. Écosystèmes marins de la mer Rouge : Égypte, Israël, Arabie Saoudite, Yémen, Érythrée, Djibouti, Soudan, Jordanie
202. Écosystèmes marins du courant d'Agulhas : Mozambique, Afrique du Sud
Nord de l'océan Indien
203. Mer d'Arabie et golfe Persique : Bahreïn, Arabie Saoudite, Émirats arabes unis, Qatar, Oman, Iraq, Iran, Pakistan, Koweït, Yémen
204. Écosystèmes marins des Maldives, de Lakshadweep et de Chagos : Maldives, Inde
Est de l'océan Indien
205. Écosystèmes marins de l'ouest de l'Australie : Australie
Ouest de l'océan Pacifique
206. Écosystèmes marins de Nansei Shoto : Japon
207. Mer de Sulu : Philippines, Malaisie
208. Mer des Célèbes : Philippines, Indonésie, Malaisie
209. Écosystèmes marins de la mer de Banda et de Flores : Indonésie
210. Écosystèmes marins du nord de la Nouvelle-Guinée et de la mer de Corail : Papouasie-Nouvelle-Guinée, Indonésie, îles Salomon.
211. Écosystèmes marins micronésiens : Palau et la fédération des États de Micronésie
Est de l'océan Pacifique
212. Écosystèmes marins du golfe de Panamá : Panamá, Colombie, Équateur
Sud de l'océan Pacifique
213. Écosystèmes marins du Pacifique sud : Vanuatu, Fidji, Nouvelle-Calédonie (France), Tonga, Tuvalu, Niue, Wallis et Futuna, Samoa, Samoa Isisifo
214. Grande Barrière de corail : Australie
215. Écosystèmes marins des îles polynésiennes de l'Est (en particulier Hawaii, Marquises, île de Pâques, îles de la Société et Tuamotu)
216. Écosystèmes marins des îles de Lord Howe et Norfolk : Australie

ÉCOSYSTÈMES CÔTIERS MARINS
Nord de l'océan Atlantique
217. Écosystèmes marins islandais et celtes : Islande, France, Irlande, Grande-Bretagne
218. Grand Bancs : Canada, États-Unis
219. Mer des Wadden : Danemark, Allemagne, Pays-Bas, Belgique
Ouest de l'océan Atlantique
220. Écosystèmes côtiers marins du nord-est du Brésil : Brésil
Est de l'océan Atlantique
221. Écosystèmes marins du golfe de Guinée : Guinée équatoriale, Gabon, Congo-Brazzaville, République démocratique du Congo, Angola, Cameroun, Nigeria, Bénin, Togo, Sao Tomé et Principé
222. Écosystèmes de courant marin de l'ouest de la Guinée : Sénégal, Gambie, Guinée-Bissau, Guinée, Sierra Leone, Cap-Vert, Liberia, Mauritanie
Sud de l'océan Atlantique
223. Courant de Benguela : Namibie, Afrique du Sud, Angola
224. Écosystèmes côtiers marins du sud-ouest de l'océan Atlantique : Argentine, Uruguay, Brésil
Mer Méditerranée
225. Mer Méditerranée
Ouest de l'océan Pacifique
226. Mer Jaune et mer de la Chine de l'Est : Chine, Corée du Nord, Corée du Sud, Japon
Est de l'océan Pacifique
227. Courant de Californie : États-Unis, Canada, Mexique
228. Mer de Cortez : Mexique
229. Courant du Pérou : Pérou, Chili
230. Écosystèmes marins des îles Galápagos : Équateur
231. Écosystèmes marins de Magellan : Chili, Argentine
Sud de l'océan Pacifique
232. Écosystèmes marins tempérés du sud de l'Australie : Australie

ÉCOSYSTÈMES MARINS POLAIRES ET SUBPOLAIRES
Océan Austral
233. Péninsule antarctique et mer de Weddell
234. Écosystèmes marins de Nouvelle-Zélande : Nouvelle-Zélande
Océan et mers Arctiques
235. Mer de Béring et mer de Beaufort : Russie, États-Unis, Canada
236. Mer d'Okhotsk et le nord de la mer du Japon : Russie, Japon
237. Écosystèmes marins des régions du Svalbard et des îles François-Joseph : Russie, Norvège